陈捷先 ⊙ 作品

商务印书馆
2011年·北京

涵芬楼文化 出品

谨以此书恭祝

毛振声表兄　　九十双寿
周漱红表嫂

❀ 慈禧太后的着色写真照。她虽已年近七旬,但衣着华丽,面貌姣媚,目光炯炯有神,精明外露。

❀ 慈禧于咸丰二年选上秀女入宫，跨出了她迈向权位的第一步。图为清末某次选秀女时，列队待选的正黄旗少女。

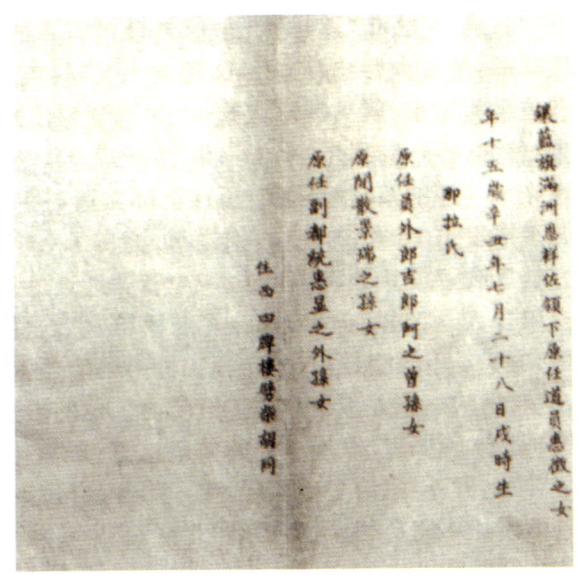

❀ 咸丰五年，慈禧胞妹参加选秀女的排单。由此可知慈禧的家世背景。

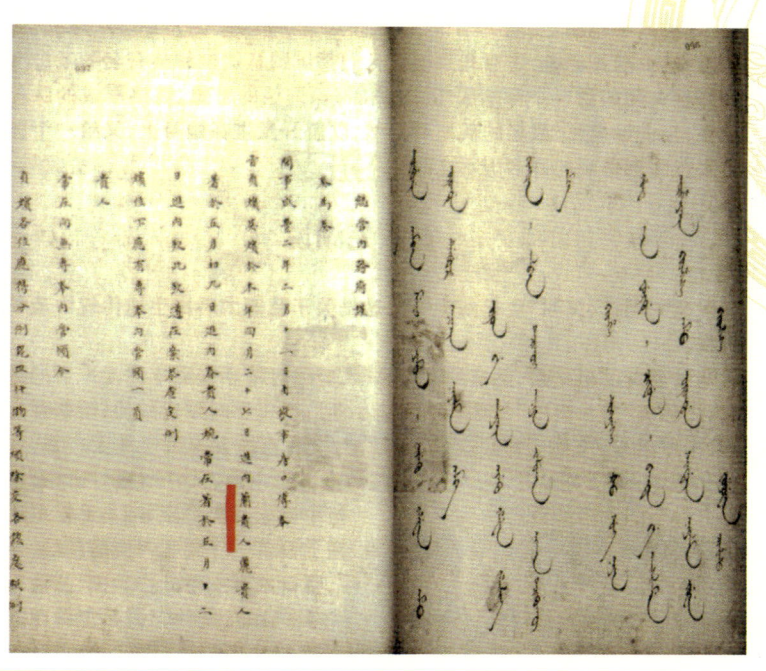

❀ 内务府上呈的奏折中,载明了咸丰帝传兰贵人入宫的具体时间。

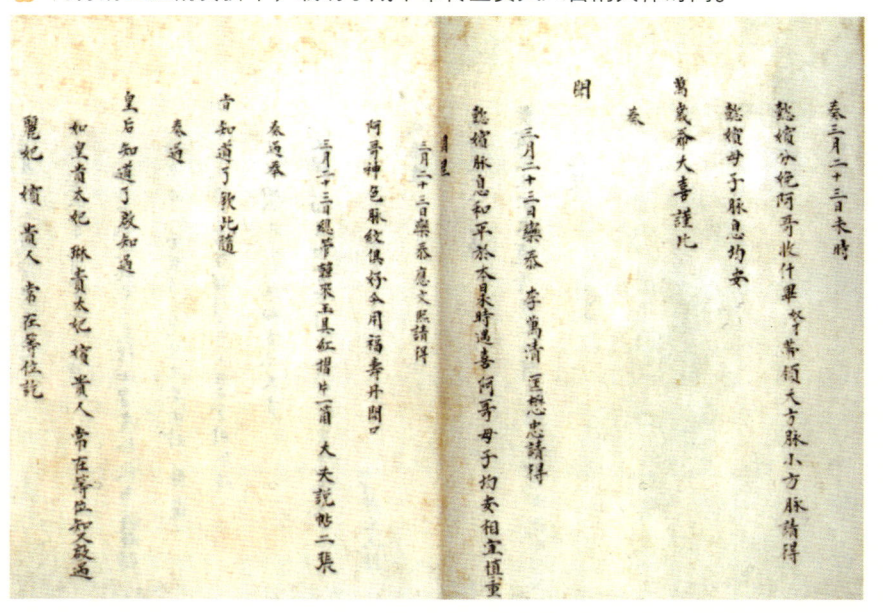

❀ 咸丰六年三月立的《懿嫔遇喜大阿哥》档册内页。慈禧诞育龙种,生下载淳,母以子贵,从此地位扶摇直上。

✿ 道光帝建储密旨。两道朱谕并藏于金匮之中，一立皇太子，一封亲王，这是清朝自雍正帝发明"储位密建法"以来唯一的特例。

✿ 咸丰帝便装行乐图（局部）。奕詝得到皇位，却是个苦命的皇帝，他承受不了内忧外患的打击，有心逃避现实，耽于酒色，最后悲惨地客死他乡。

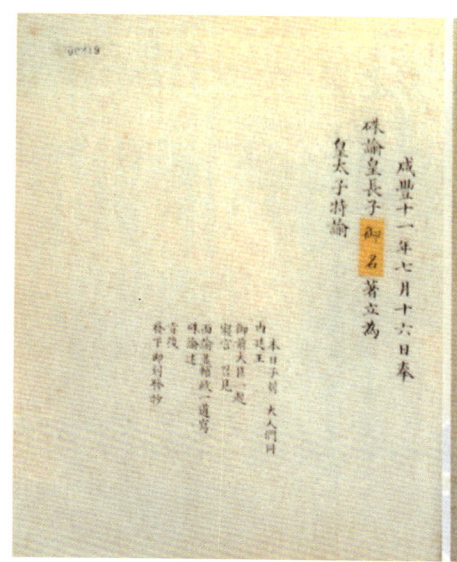
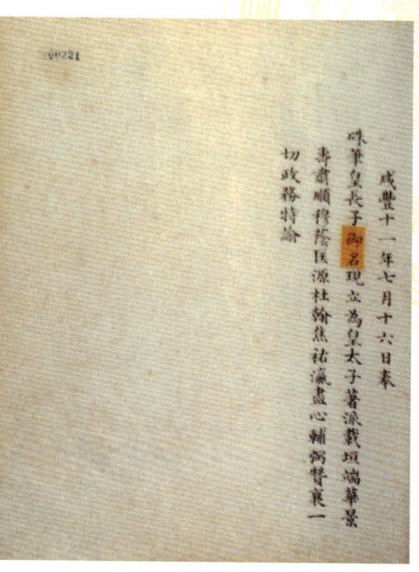

🌼 咸丰帝临终前，召见载垣、端华、景寿、肃顺、穆荫、匡源、杜翰、焦祐瀛，特命承写两道朱谕，立大阿哥载淳为皇太子，并派八大臣辅政。

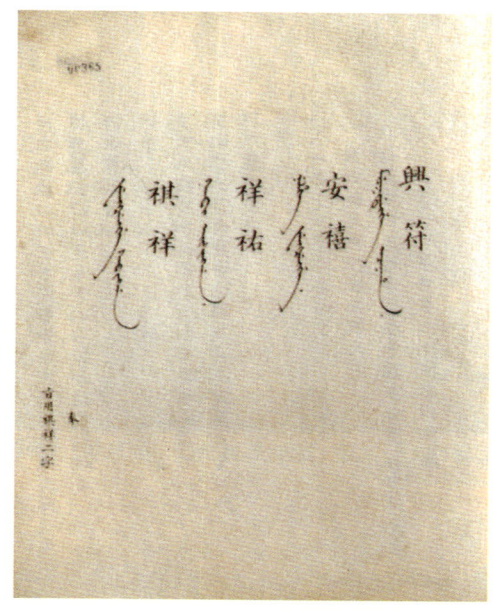

🌼 军机大臣拟定了四个年号，最后八大臣代小皇帝选用"祺祥"二字的一组。

🌼 "御赏"和"同道堂"玺文。咸丰帝在临死前把这两方随身印章分别授予了皇后钮祜禄氏与儿子载淳，作为皇权的象征。八大臣凡以小皇帝名义发布的谕旨，首尾须加盖此二印，才能生效。

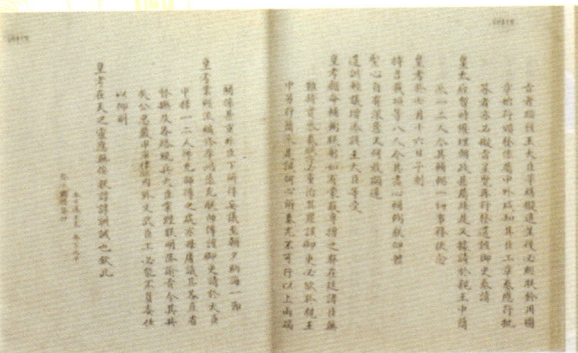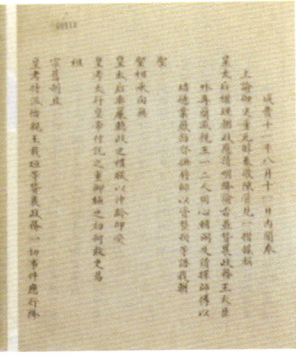

❀ 董元醇奏请太后权理朝政并另简亲王辅政，引爆了两宫太后与肃顺等人之间一场激烈的舌战。慈禧斗不过八大臣，被迫同意他们拟旨痛斥董折所奏"甚属非是"，均不可行。

❀ 辛酉政变后，两宫太后奉小皇帝载淳在紫禁城举行即位大典，开始垂帘听政。图为养心殿东暖阁"垂帘听政"处。

❀ 孝贞后璇闱日永图（局部）。慈安太后钮祜禄氏，秀丽端庄，贤慧有德，让咸丰帝对她有一种由衷的敬重与钦佩之情。

❀ 辛酉政变后，恭亲王奕訢与其家人虽然得到很多旷典殊恩，但他实际上没有分享到应有的政治权力，与慈禧之间存在着不少矛盾，两人既合作又斗争。

諭在廷王大臣等同看朕奉兩宮
皇太后懿旨本月初五日據榮壽祺奏恭
親王辦事徇情貪墨多招物議種、情形
等辦嗣此重情何以能辦公事查辦雖無
實據是出有因究屬謀知事難以懸揣
恭親王從議政以來妄自尊大諸多狂敖
以伏爵高權重目無君上看朕沖齡諸多
挾致往、諸始離間不可細問每日召見
趾高氣揚言語之間許多取巧語此情形
以後何以能辦國事皆不即早宣示朕歸
政之時何以能用人此正嗣此種、重大
情形姑免深究方知朕寬大之恩恭親王
者毋庸在軍機處議政草去一切差使不
准干預公事方是朕保全之至意特諭

❀ 同治帝游艺怡情图（局部）。载淳六岁即位，十八岁才得以亲政，他学业无成，性喜游乐，使生母慈禧有恨铁不成钢的痛苦。

❀ 孝哲皇后阿鲁特氏朝服像（局部）。据说她美而有德，雍容端雅，自幼即知书达礼，文才出众。可惜不得婆婆慈禧的欢心，最后被逼自杀殉夫。

❁ 由于慈禧幕后的指使，同治帝执意重修圆明园，险些酿成清廷解体的政治危机。图为被英法联军破坏的圆明园大水法遗迹。

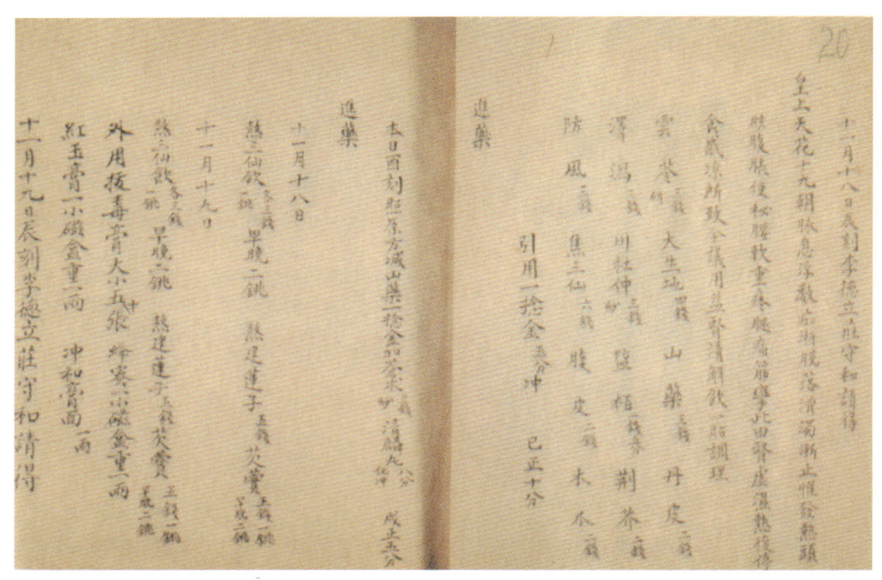

❁ 《万岁爷天花喜进药用药底簿》内页。从这份清宫所藏脉案及处方研判，同治帝应该是死于天花的并发症，而非梅毒。

❀ 醇亲王奕譞是咸丰帝的七弟，其福晋叶赫那拉氏是慈禧的胞妹，他们年仅四岁的儿子载湉，因慈禧"一语即定"，入继大统，改元光绪。

❀ 遭慈禧拆散的另一对伴侣——光绪帝载湉与珍妃他他拉氏

❀ 慈禧主动要修三海工程，是想在离内廷不远的地方营造另一个办公区；奕譞随后以巨资大修颐和园，是想要慈禧远离皇宫，远离政权。两人各有深一层的私心，而结果是叶赫那拉氏打败了爱新觉罗皇室，光绪帝始终受制于慈禧，君权不彰。图为颐和园全景。

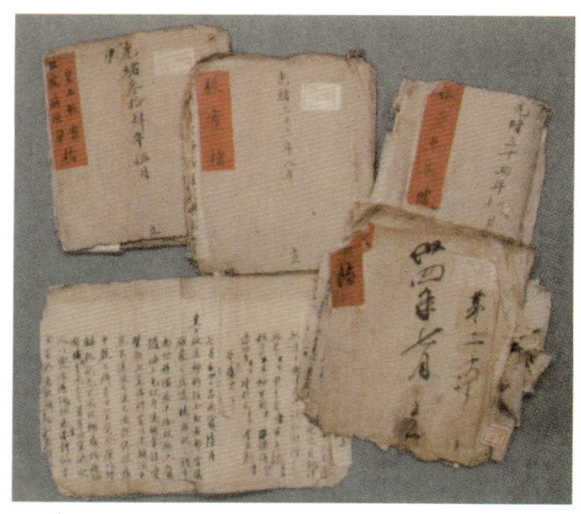

❀ 光绪末年脉案。御医的诊断显示光绪帝是因病而死的，但近来这个说法受到了挑战，因为光绪帝的遗物经化验测得大量的砷，疑似砒霜中毒而亡。

❀ 慈禧私心、恋权的牺牲品——隆裕太后叶赫那拉氏与大阿哥溥儁

醇亲王载沣与儿子溥仪（右立者）、溥杰合影。慈禧病重时还想亲操政柄，独揽乾纲，立三岁的溥仪为帝，不料她隔天就一命呜呼了。

慈禧书《福禄寿》字轴

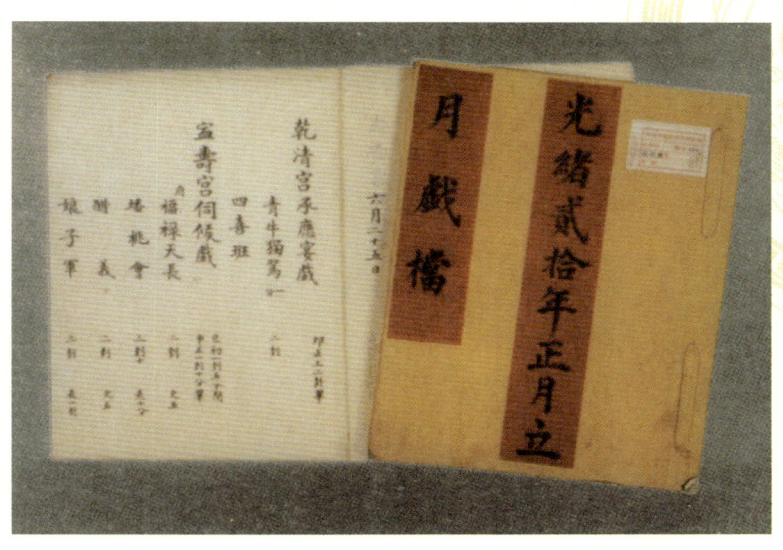

慈禧六旬庆典的《月戏档》。慈禧对戏曲深有研究，而且自己也能吟唱，甚至编剧。

慈禧乘肩舆前往仁寿殿，在前开路的是大总管李莲英（右）、二总管崔玉贵（左）。

❀ 宣统元年的中元节，清室为超度慈禧，在东华门外扎制、焚烧了一只"大法船"，据说价值十几万银两。

❀ 被砸碎的慈禧外椁

❀ 慈禧陵地宫金刚墙上的盗口

慈禧写真 目录

◇ 推荐人的话：探赜索微，发人深省 /1
◇ 前言：晚清"第一女人" /4

一　先从叶赫那拉说起 /1

二　本书主人翁：兰儿？杏儿？ /5

三　慈禧的祖宗三代 /9

四　满族乎？汉族乎？ /13

五　生地之谜 /16

六　选秀女入宫 /20

七　从贵人到贵妃 /23

八　诞育龙种 /27

九　母以子贵 /31

十　后宫争宠 /34

十一　略述咸丰 /38

十二　咸丰要"亲征"？ /42

十三　且乐道人归道山 /45

十四　辛酉政变 /49

十五　谈祺祥与同治 /54

十六	第一次垂帘/57
十七	议政王奕䜣/61
十八	新人新政/64
十九	打压恭王/69
二十	重用汉人/73
二十一	同治中兴/76
二十二	望子成龙？/80
二十三	权位至上/84
二十四	同治大婚与亲政/87
二十五	外使入觐/91
二十六	重修圆明园/94
二十七	同治之死/100
二十八	谈孝哲皇后之死/106
二十九	兄终弟及/110
三十	光绪继统余波/114
三十一	二次垂帘/118
三十二	南、北党争与清流/121
三十三	慈安之死/124

三十四　甲申易枢/128

三十五　奕劻"商办"政务/132

三十六　整修三海与颐和园/136

三十七　光绪亲政/140

三十八　帝后党争/145

三十九　甲午战争/149

四十　维新与政变/154

四十一　己亥建储/159

四十二　义和团/164

四十三　八国联军/168

四十四　出奔、和约、回銮/173

四十五　慈禧新政/178

四十六　光绪之死/183

四十七　立嗣溥仪与慈禧归天/188

四十八　略谈慈禧的生活与嗜好/192

四十九　慈禧与权监/196

五十　身后劫难/202

◇ 结语：我评慈禧/208

推荐人的话
探赜索微，发人深省

庄吉发

治古史之难，难于在会通，以文献不足也；治近世史之难，难于在审辨，以史料泛滥也。晚清史料，浩如烟海，私家著述，固不待论，即官书档案，可谓汗牛充栋。近代中国，内忧外患。同光时代，慈禧是当权者，她掌权将近半个世纪，她的一生与晚清历史相始终，她的历史地位不能不评价。陈捷先教授掌握档案资料，兼采私家著述，撰写《慈禧写真》，以五十个子题，论述慈禧一生纷繁复杂的功过得失，还原历史，有贬有褒，探赜索微，深入浅出。作者以生动流畅的文笔，客观评价，也对政治人物，痛下针砭。相信《慈禧写真》一书的问世，必将获得广大读者的赞赏与推崇。

慈禧是维持晚清残局的重要人物，也是促使清朝政权覆亡的关键人物。过去一百年间，无论是在专家学者的论著中，或是学校教科书、历史读物、影视作品中，对慈禧的评论多为负面的，她几乎被定型为祸国殃民、罪孽深重的人物。而陈教授评价慈禧时，不惮其烦地爬梳史料，还原她和她所处的时代，提出了精辟的看法。慈禧的一生遭遇是可悲的，从童年至青少年时代家里因赔偿户部亏空而窘困不堪，后来又眼睁睁看着父亲惠征落得丢官病死的下场，钱财与权力的印象在她的心灵烙上深深的印记。入宫之后，她自己也没有享受到一般幸福女人的温暖喜乐，后宫争宠，夫君早逝，儿子叛逆，这些不圆满影响了她的性情与性格的发展。然则一个女子扭曲的人生，因缘际会之下，竟放大为一段中国惨痛的历史，甚至连带地改变了往后的世界。慈禧虽没有学武则天正式称帝，但她所发挥的威力，远远胜过那位老前辈！

姑且不论一代兴亡是否系于宫闱，但有清一代有两位引人瞩目的皇太后，一前一后，确是不容置疑的。在清朝初年有孝庄文皇后布木布泰（公元1613～1688年），享年七十六岁，她历经三朝，辅立过两位幼主。皇太极在位期间，她是永福宫庄妃，端庄贤淑，相夫教子；在顺治朝，她是皇太后，由多尔衮摄政，辅佐独子福临，度过危机；在康熙朝，她是太皇太后，辅佐爱孙玄烨，周旋于四位辅政大臣之间。她一生聪明机智，善于运用谋略，在诛除权臣鳌拜、平定三藩之乱的过程中，充分表现出她知人善任以及应付突发事件的卓越才能，对稳定清初的政治局面作出了重要的贡献。

在清朝末年有孝钦显皇后叶赫那拉氏（公元1835～1908年），即慈禧太后。她是一个有智谋、有手腕的人，在她七十四年的生命史中，她经历过咸丰、同治、光绪三朝的风风雨雨，面对内忧外患，曾积极支持洋务运动，也无情镇压变法维新；她立过载淳、载湉、溥仪三位国君，三次垂帘，两度训政，前后掌权历时四十八年。这段时间，正是世界上很多国家政治改革、经济繁荣、军事强大、科技日新的时代，清朝却出现了一个自私自利、权力欲强、不谙外情、罔顾国计民生的女主，最后虽欲以立宪挽人心，但因百端并举、政急民烦，而加速清朝的覆亡；所谓陵土未干，国步遂改，天命难谌，实在是清朝的不幸，也是中国的不幸。

陈捷先教授对慈禧一生众多事件的客观看法，结论正确。这不仅是给予慈禧历史地位的评价，也是向当权者发出的警钟。浏览《慈禧写真》一书，我们可以从中获取经验和教训，以古鉴今。政治人物，更应调整心态，有理想的当权者，要顾及国家民族利益，多为国家人民设想，不要贪恋权位，不要被财富与享乐冲昏头脑，以免遭后世诅咒、谴责。《慈禧写真》的撰述，确实颇能发人深省。

【推荐人简介】庄吉发，1936年生，台湾苗栗人，原籍广东陆丰。1956年省立台北师范学校，1963年台湾师范大学史地学系，1969年台湾大学历史研究所毕业，先后曾任士东国小、士林初中教员，台北故宫博物院研究员，台湾师范大学历史研究所、政治大学民族学系、淡江大学历史学系、东吴大学历史研究所兼职教授，讲授中国近代史、中国现代史、中国通史、清史专题研究、故宫档案专题研究、中国秘密社会史、中国边疆文化史、北亚社会文化史专题、满洲语文等课程。现任台湾大学中文学系、政治大学民族学系兼职教授。

前言
晚清"第一女人"

清道光十五年十月初十日（公元1835年11月29日），有一个女婴诞生在北京西四牌楼劈柴胡同的一位中级官员家中。她的父亲姓叶赫那拉，名惠征，当时任职吏部二等笔帖式，她的家族属满洲镶蓝旗。

这女娃在孩提时代就接受了相当程度的教育，对满汉文字都能通晓，长大后应该是聪明智慧型的人，相信也一定有着几分美艳的姿色。她十七岁的时候是少年新君咸丰的元年（公元1851年），这一年宫廷里正值选八旗秀女的年份，她的家长为她报名参加了选拔。第二年春天她中选进入皇宫，封为兰贵人，是皇帝后妃中的中下等地位。而同时她父亲也被外调去了安徽，当上了徽宁池太广道员，这个职位权力不小，驻地在长江边上的重镇芜湖，管辖安庆府、徽州府、宁国府、池州府、太平府以及广德州的二十八个县，并兼管芜湖关税务。惠征连升了几级，变成四品道台，女儿又入选为皇帝的贵人，真可谓双喜临门。

咸丰三年，兰贵人娘家发生了可怕的灾难，她的父亲在这一年因"亏款"（贪污公款）或是"带印脱逃"等罪名被"褫职"了。其时太平军正在安徽一带大闹事，芜湖形势告急，惠征带了一万两饷银先逃到江苏镇江，后到丹徒办理粮台。咸丰帝在北京得悉各地丧失城池、官员逃窜等消息后，谕令地方督抚"查明该文武各员，有弃城先逃、临阵退避者，即行革职拿问,按律定拟罪名,迅速具奏",安徽巡抚李嘉瑞乃向皇帝进呈一份报告,参劾了惠征"避居别境",有亏职守。咸丰帝见到奏折后,只能"大义灭亲",指责老丈人说:"惠征身任监司,于所属地方被贼蹂躏,何以携带银两印信避至镇江、泾县等处?……惠征业已开缺,着即饬令听候查办。"不过,稍后皇帝又在另一件上谕里命安徽巡抚调查惠征"委办粮台、护解银两是否属实",比起前一次谕旨缓和多了,而且有着不信"逃避"确有其事的语气。这是不是惠征之女兰贵人关说了什么话、起了什么作用,不得而知。然而这些已无关重要,因为惠征自咸丰三年三月避逃镇江之后,仅仅历时不到三个月,在六月初三日他就病死了,享年四十九岁。惠征的遭遇相信在兰贵人心中一定留下不可磨灭的印象与影响。她不能保全她的父亲,她深感权力的重要,也了解政治是不顾亲情的。

惠征死后第二年,兰贵人晋升为懿嫔,又过了两年,即咸丰六年(公元1856年),她因为生下皇子载淳,再次晋升为懿妃,次年又赐封懿贵妃。在宫中的地位日渐升高了,她的权力欲也变得更强烈了,当时她才二十三岁。

咸丰十年,英法联军攻陷大沽,陈兵天津,京师受到严重威胁,清廷上下乱成一团,咸丰帝束手无策,又想"御驾亲征",又想逃难"北狩"。懿贵妃认为:"皇上在京可以镇慑一切,圣驾若行,则恐宗庙无主,恐为夷人踏毁,昔周室东迁,天子蒙尘,永为后世之羞,今若遽弃京城而去,辱莫甚焉。"如果这一记述可信,则说明懿贵妃颇有主见,在军情紧急之际,她还能保持清醒。同时也足以证明她对中国历史有相当的知识。然而,咸丰帝没有采纳她的建议,仓皇逃出北京,到承德避暑山庄避炮火去了。

在承德约一年期间,咸丰帝锐气尽失、颓丧消沉,懿贵妃却在此一动荡不安的政局下,施展发挥了她的政治才能,她代皇帝"披览各省奏章",与大臣等议论朝政得失,开始建立了日后女主的初基,但也引来亲贵权臣们的不满。

咸丰十一年七月十六日（公元1861年8月21日），皇帝病危，口授遗嘱，立独生子载淳为皇太子（嗣皇帝），命载垣、端华、景寿、肃顺、穆荫、匡源、杜翰、焦佑瀛等八大臣赞襄一切政务。凡发布诏谕，先由八大臣草拟呈报，不过，因新君年幼，须请皇太后钤用图章，再以皇帝名义发下。此时的皇后与懿贵妃实际上已有了代行皇帝职权的身份，她们与八大臣是相互牵制的，当然矛盾、冲突也就难免发生了。

这种既非垂帘，又非辅政，但又垂帘与辅政兼行的政体确是不完备的，而且双方都在争权，惨烈的政治斗争必然要发生。两宫太后乃联络皇叔恭亲王奕䜣在京城的力量，成功地发动了历史上著名的"辛酉政变"（咸丰十一年，岁次辛酉），彻底消除肃顺等八大臣集团的力量，进而取得了合法的"垂帘听政"地位。

按照清朝宫廷制度，新皇帝即位后，即尊嫡母（先帝册封的中宫皇后）为母后皇太后，亲生的母亲为圣母皇太后，并上尊号。另外凡是遇到国家有大庆典时，则又在皇太后的尊号前加上美词，叫做徽号，一般用两个汉字。她们死后再在生前的徽号上加字，则称为谥号。

惠征的女儿前已晋升为懿贵妃，因为贵妃与皇后之间的"皇贵妃"一级当时无人，实际上她已是皇贵妃级了。咸丰帝死后，载淳继承大位，当然"母以子贵"，她与皇后同时被尊为皇太后，实行"垂帘听政"。同治元年（公元1862年），她又加上徽号"慈禧"，咸丰嫡后的徽号为"慈安"，这就是后世人称她们为"慈禧"与"慈安"的由来。

慈禧垂帘听政时刚刚年满二十七岁，没有谁能预料到这位年轻女主竟主宰了晚清朝政四十七八年。她三次垂帘，两度训政。经历过很多国内外的重大事件，现在择其要者分列如下：

同治元年，为整饬政风官箴，下令杀两江总督何桂清。第二年又令正黄旗满洲都统胜保自尽。前者因弃城逃跑，后者则是"荒淫贪纵"，慈禧藉此树立权威。

同治四年，剥夺恭亲王奕䜣"议政王"头衔。

同治五年，支持奕䜣在原同文馆内添设天文算学馆。第二年更以皇帝名义发布上谕十道，支持洋务运动。

同治八年，以皇帝名义降谕处死宠监安得海，以示她大公无私，永遵清朝祖宗家法。

同治十一年，皇帝载淳举行大婚礼。新皇后是慈安与皇帝选上的阿鲁特氏，皇妃则为慈禧看中的富察氏，这事颇令慈禧不乐。

同治十二年，举行皇帝亲政大典，两宫太后撤帘归政。

同治十三年，皇帝为让慈禧安养林泉，不干预政治，下令重修圆明园，后因大臣反对，停止修园。同年十二月，皇帝驾崩，因无子嗣，慈禧不顾家法，坚持以其妹所生子，即醇亲王奕譞之子为皇位继承人。新君名载湉，年仅四岁，两宫太后二度垂帘听政，改明年为光绪元年。

光绪元年（公元1875年），同治皇后阿鲁特氏被慈禧逼迫自杀身亡，引起不少朝臣议论。

光绪七年，慈安病逝，有人怀疑系慈禧下毒害死，但证据不足。

光绪十年，因中法战争失利，慈禧降颁懿旨，罢斥恭亲王奕䜣及军机处全部大臣，重组中央最高权力机关，史称"甲申易枢"。

光绪十一年，海军衙门成立，慈禧派其妹夫、皇帝生父醇亲王奕譞总理海军事务。

光绪十三年，皇帝载湉已十七岁成年了，慈禧迫于祖制与臣民心态，不得不宣布归政时间。但奕譞深知她贪恋权位，乃请她继续训政。皇帝有亲政之名，实为傀儡。

光绪十五年，皇帝先行大婚礼，皇后为慈禧之侄女。后行亲政大典，慈禧表面上撤帘归政，然其私心、贪权实表露无遗。

光绪二十年，中日甲午战争爆发，慈禧六十大寿原拟热烈庆祝，因政局而改为只在宫内举行。慈禧对东西洋列强乃益加憎恶。甲午战争以大败收场，翌年订立丧权辱国的《马关条约》。

光绪二十四年，皇帝发布《明定国是诏》，宣布变法维新。慈禧则发动政变，囚禁光绪帝，重新训政，并杀害维新党人。

光绪二十五年，慈禧立溥儁为大阿哥，想废掉光绪帝，后因列强反对而未成功。

光绪二十六年，义和团事起，慈禧想利用拳民"扶清灭洋"，却招致八国联军攻华，北京沦陷，慈禧、光绪帝等逃难出走西安。临行前慈禧命太监将皇帝所爱珍妃推入井中溺毙。

光绪二十七年，清廷代表在慈禧授意"结与国之欢心"下与列强签订内容有苛刻条款之《辛丑和约》。

光绪二十八年，慈禧推行新政。

光绪三十二年，慈禧宣示实行预备立宪。

光绪三十四年，皇帝驾崩。慈禧降懿旨命以溥仪入承大统，命溥仪生父载沣为摄政王监国。光绪帝死于十月二十一日，翌日慈禧亦病逝。有人怀疑慈禧于死前毒害光绪帝。此事可能并非纯属传闻，因为近年有科学证据出现。

据上可知：慈禧太后在她七十四虚岁的生命中，经历了晚清最重要的咸丰、同治、光绪三朝，而且当过三次垂帘、两度训政的女主，她立过同治载淳、光绪载湉以及宣统溥仪为皇帝，处理过很多对外战争、对内动乱以及皇室宫廷的斗争等大事。她的一生虽然算得上多姿多彩，但也是争议最多、评论最难的。而且由于她行事作风上确实存在着不少问题，后人对她有着极为严厉的负面评价。本书的作者，想依据史料，为慈禧作一番比较客观、比较真实的写真。

这本小书的问世，我首先应该感谢内子侯友兰女士对我的鼓励。其次我要感谢远流出版公司的游奇惠主编与陈穗铮小姐在印制方面的协助。还有我的好友陈龙贵、林天人、杨晋平、林洼翰等在校对与联络上的帮忙，在此一并致上谢忱。

2009年9月于加拿大西温哥华

一
先从叶赫那拉说起

很多人都知道慈禧太后本家姓叶赫那拉，而叶赫那拉家族又有很多传说，所以在谈慈禧太后的生平事迹之前，我们应该对叶赫那拉的一些有关传说史事作一番观察与了解才好。

叶赫那拉是满洲文yehe nara的音译，yehe是一条河的名字，nara是姓。据现存的史料，这一姓的家族似乎可以追溯到明朝末年。当时中国东北地区，女真部族林立，主要的可以分为三大系统：一是居住于现今吉林扶余县以北松花江转折处南岸以及黑龙江哈尔滨市东边阿什河流域的海西女真。二是分布在长白山以北、牡丹江与绥芬河流域的建州女真。三是生聚在偏远的精奇里江下游直到库页岛一带的野人女真。其中海西女真有叶赫、哈达、乌喇、辉发四部，又称为海西四部或扈伦四部。叶赫居叶赫河畔，经济发达，是四部中最强者。哈达居开原城东，其首领王台曾受明朝册封为龙虎将军。哈达、叶赫两部与明朝关系良好，又地处于明朝开设的马市"南关"（广顺关）与"北关"（镇北关）附近，所以两部又被称为"南关哈达"与"北关叶赫"。建州女真后来分为建州三卫，即建州卫、建州左卫、建州右卫，其中左卫就是清朝开国奠基人努尔哈齐的出生部落。建州女真与明朝的贸易关系频繁,社会经济比较进步。明朝本来用"分而治之"的抚绥政策统治这些女真部族,在政治上给这些女真首领加封不同等级的卫、所官职,如都督、都指挥使、指挥佥事、千户、百户等,授予印信、敕书、衣冠、钞币等等,联络拉拢他们。在经济上则给予他们特权,如女真首领可以到北京领赏、贸易,并在南、北关马市进行交易等等。明朝强盛时在辽东地区设立过三百八十四个"卫"以及二十四个"所"来管治女真,但是到明末国力大衰时,正如清朝官书上说的:"时诸国(部)纷乱。……群雄蜂起,称王号,争为雄长,各主其地,互相攻战,甚者兄弟自残,强陵弱,众暴寡,争夺无已时。"

在群雄争霸的混乱局面下,叶赫与建州左卫虽各自扩大势力谋求发展,但双方早期关系似乎相当良好。据徐乾学的《叶赫国贝勒家乘》中记:明万历十年(公元1582年),努尔哈齐曾投奔叶赫部,并受到"加礼优待"。万历十六年,《清实录》里又记努尔哈齐迎娶了叶赫部长纳林布禄的妹妹孟古哲哲,后来她为努尔哈齐生下了一男,就是清史上赫赫有名的清太宗皇太极,孟古哲哲死后被追尊为孝慈皇后,可见这两部的关系从友好进至联姻,原是十分亲密的。不过从万历十九年(公元1591年)开始,这两家便陆续发生不愉快的冲突了。先是万历十九年叶赫部长向努尔哈齐索取土地,遭到拒绝。接着叶赫又联络扈伦各部及长白山、蒙古等部发动所谓的"九国联军",想一举消灭努尔哈齐。结果叶赫部等联军惨遭败绩,只好赔罪求和,并再以族女嫁给努尔哈齐,杀牛宰马对天盟誓,才暂时维持了双方和平的关系。万历三十一年,孟古哲哲病危,想见见生母,努尔哈齐派人前往迎接被叶赫部长拒绝,不久孟古哲哲病逝,努尔哈齐悲恸异常,第二年便出兵攻打叶赫,双方以兵戎相见。万历四十一年,努尔哈齐消灭了乌拉部,该部贝勒布占泰逃亡叶赫,努尔哈齐索人不得,乃益发对叶赫怀恨。其后又因明朝出面支持叶赫,警告努尔哈齐,事态变得更严重。万历四十四年,努尔哈齐建后金汗国,自称大汗。两年后率兵征明,发动萨尔浒山大战,大败明兵,从此后金国主宰了辽东的局势。万历四十七年，努尔哈齐派兵进攻叶赫，克东西二城，叶赫灭亡。据后世人恽毓鼎在《崇陵传信录》中称：后金灭叶赫时，"颇行威戮，男丁罕免者"。为什么努尔哈齐屠杀叶赫的男丁呢？德龄的《瀛台泣血记》中说：叶赫那拉人"想用武力篡夺皇位"。蔡东藩的《慈禧太后演义》则说：努尔哈齐建祭神殿堂时掘得古碑，上书"灭建州者叶赫"六字，因而努尔哈齐几乎尽屠了叶赫的男丁。清朝也订立制度："宫闱不选叶赫氏。"当然这些都是小说家言，或是传闻之说，不能相信的。例如是不是进行了"男丁罕免"的大屠杀呢？据最古老的满洲文史料《旧满洲档》（原件现存台北故宫博物院）昃字档记：在消灭叶赫一役之后，"将叶赫贝勒们，以及为首的大臣们都加以收养，并将叶赫二城的其他贝勒们的长幼也都收养。把叶赫的国人无论善恶都原户不动，父子兄弟不使其离散，亲属不使分离，全部取了回来，就是妇女衣服的领子也未拿，男子所持的弓箭也未取，各家所有的财物、器皿以及一切对象，皆都由各自作主的收检拾取"。由此可见，当时并没有大屠杀之事，甚至也没有把叶赫部民分配为奴，传说显然是不可靠的。

还有"宫闱不选叶赫氏"一说也是不确实的，因为我们从《清实录》、《清史稿》、《清皇室四谱》、《清列朝后妃传稿》等书中，就可以看出清太宗皇太极有一位为他生出硕塞的侧妃叶赫那拉氏。顺治后宫有生女一人早殇的庶妃那拉氏。康熙帝娶惠妃那拉氏。乾隆妻妾中有舒妃叶赫那拉氏。道光帝有和妃那拉氏。咸丰帝纳后妃十八人，除懿贵妃叶赫那拉氏外，其他"不知氏族"或"不详何氏"的一些妃嫔，据大陆学者王道成考证，不乏出自叶赫那拉家族者。王先生是从北京一档馆（"中国第一历史档案馆"简称）珍藏的《宫中杂件》第一二四七包中，发现璷妃、璹嫔、玉嫔等人都姓叶赫那拉，因为该包史料记着："正白旗满洲员外郎铭彝之女，年十七岁，叶赫那拉氏。据该旗册报，系璹嫔胞弟之女，珏（玉）嫔胞兄之女。"又，"员外郎文治之女，辰年，十三岁，祥昆佐领。叶赫那拉氏。璬嫔胞兄之女。"据此可知,"宫闱不选叶赫氏"并非清朝"祖训",只是清末反慈禧太后人士的新创传言。

总之,慈禧太后先祖所属的叶赫部族,在明末被努尔哈齐消灭后,正如其他的女真族人一样,成为满洲综合体的成员。叶赫的男丁没有被屠杀,实际上不少人还是大清皇朝建立与入关统治中国的汗马功臣,他们族内的少女入选为皇室妃嫔的也大有人在,早年流布的一些传说是不能相信的。

二
本书主人翁：兰儿？杏儿？

本书的主人翁是慈禧太后，慈禧既不是她的名字，也不是她的姓氏，只是她被封为皇太后时所加的一个徽号。因为她的儿子载淳继统登基为皇帝了，母以子贵，她被尊为皇太后，加上具有溢美之意的"慈禧"二字，作为国家以及她儿子对她礼敬的表示。中国在帝制时代，帝后们在生前都有上徽号的习俗，徽号常用一些吉祥美好的文字来歌功颂德。帝后们死后又有追加谥号的定制，《说文》称："谥，行之迹也。"反映帝王一生学行事功等等的方面，除非是亡国之君或是荒淫无道之主，一般谥号还都是"进劝成德"之语。徽号是可以随时增加的，慈禧生前一共加过八次，计十六个字，成为"慈禧端佑康颐昭豫庄诚寿恭钦献崇熙"皇太后。她死后，大臣们给她议定的谥号为"孝钦"与"配天兴圣显皇后"，"显"字是她夫君咸丰帝的谥号，因此总的称谓是"孝钦慈禧端佑康颐昭豫庄诚寿恭钦献崇熙配天兴圣显皇后"。清末史书里常简称她为"孝钦显皇后"，后世则习惯叫她"慈禧"，本书也随俗地称她为慈禧太后，或简称她为慈禧。

我们知道慈禧一家人姓叶赫那拉，前一节已经略述这个姓氏的源流了。慈禧既然是徽号，那么她的本名究竟叫什么呢？由于官方史料不载，我们无从确知，现在且就一些小说、野史中的说法作一考察吧！

《清朝野史大观》第一辑《清宫遗闻》中记：

> 那拉氏者，惠征之女也。……于咸丰初年，被选入圆明园，充宫女，是时英法同盟军未至，园尚全盛，各处皆以宫女、内监司之，那拉氏乃编入桐阴深处。已而洪杨之势日炽，兵革遍天下，清兵屡战北，警报日有所闻。文宗（即咸丰帝）置不顾，方寄情声色以自娱，暇辄携嫔妃游行园中，闻有歌南调者，心异之。越日复往，近桐阴深处，歌声又作，因问随行内监以歌者何人？内监以兰儿对。兰儿者，那拉氏之小字也，宫中尝以此名呼之。……

这是有关慈禧太后本名为"兰儿"的记事。其后很多作家都以兰儿称慈禧了。例如蔡东藩的《慈禧太后演义》说："西太后乳名兰儿，她的父亲叫作惠征。"王浩沅的《清宫十三朝》中也记："那拉氏幼名兰儿，父亲叫作惠征。"左书谔著《西太后评传》则记："兰儿，作为咸丰选中的秀女，跨进了宫门。"等等。现在历史小说家与电视剧编剧人也都以"兰"、"兰儿"、"玉兰"作为慈禧的闺中小字。可是专家学者对此事颇不以为然，他们认为《清朝野史大观》里的记述很不可靠，例如慈禧根本就没有当过宫女，她是当选秀女入宫被皇帝纳为妾的，而"兰儿"名字，无论是惠征家资料，或是宫中档册都查不到，完全无根据，这种信口的传言如何教人相信。大陆学者俞炳坤前些年在清宫档案中找出线索，那是在咸丰朝续修的满洲文《玉牒》上，发现了有关慈禧的记载，汉文译文是：

> 兰贵人那拉氏，道员惠征之女，咸丰四年甲寅二月封懿嫔，

六年丙辰三月封懿妃，七年丁巳正月封懿贵妃。

根据清朝制度，秀女一旦被选中入宫，即由皇帝确定名位（如嫔、贵人、常在、答应等等），并赐予封号。如慈安先定为"嫔"，封号为"贞"，所以叫"贞嫔"。慈禧初入宫时所定名位为"贵人"，品级在后、妃、嫔之下，封号用了"兰"字，因而称为"兰贵人"；"兰"字不是人名，但是后人不谙清宫制度，以为它是慈禧的本名。

2005年，自称是慈禧太后曾孙的叶赫那拉·根正出版了一本名为《我所知道的慈禧太后》的专书，书中说有一天他和父亲聊家族往事，曾谈及慈禧的乳名问题，这段对话是这样写的：

……听到父亲谈慈禧，这是非常少见的事情。于是我就问："那我爷爷怎么称呼慈禧啊？"父亲说："满族人都有一个习惯，称呼人的时候带名，所以你爷爷在慈禧没入宫之前叫她'杏儿姑'，至于后来是叫太后还是叫老佛爷我就不是很清楚了。"……我听了一愣："慈禧的名字叫杏儿？不是很多人都说她叫玉兰吗？后来历史上还有记载是叫兰贵人，说慈禧非常喜欢兰花。"父亲听完我的话告诉我："是啊。很多人都那么说，其实不是那样的。那为什么你爷爷管慈禧太后叫'杏儿姑'呢？是因为慈禧的小名叫杏儿。学名叫杏贞，贞洁的贞。所以你爷爷叫她杏儿姑。……"

那么慈禧为什么叫做"杏儿"呢？父亲又说：我们家有这样的说法：她出生的时候，她的爷爷叶赫那拉·景瑞正是在家里掌门，他当时在河南任职司郎中，五十五岁。正好回京休假。据说当时家里种了几棵白杏树。在满族人看来，红杏没有白杏好，所以家里就种了这么几棵，这样，爷爷就给她取名叫杏儿。从此小名就叫杏儿，大名叫做杏贞。取贞洁之意。……

叶赫那拉·根正1951年生于北京，任职颐和园游人投诉接待总站站长，被媒体誉为"颐和园的活字典"，他的这本书是与一位记者郝晓辉合作写成的，据说"写这本书，主要的目的也是为了让一些谜团得以解开"，慈禧的乳名就是其中之一。他是以"口述历史"方式解开谜团的，而且是一家之言，但愿他的说法正确无误。

三
慈禧的祖宗三代

清朝宗室昭梿在他所著的《啸亭杂录》中说，叶赫那拉氏金台吉之后为满洲"八大家"之一。慈禧家与金台吉一族可能没有关系，因为《清史稿》中只记："孝钦显皇后，叶赫那拉氏，安徽徽宁池广太道惠征女。"惠征是她的父亲，任官道员，俗称道台，是省以下、府州以上的地方高级官员。《清史稿·外戚表》中又记："追封惠征祖户部员外郎吉朗（郎）阿……；父刑部员外郎景瑞……。"据此可知，慈禧的祖父景瑞曾任刑部员外郎，曾祖父吉郎阿官至户部员外郎。她的祖宗三代都是清朝中级官员，她出生于官宦之家应该是可以肯定的。

由于慈禧被选入宫，成了咸丰帝的贵人，继而嫔、妃、贵妃，后来甚至变为执掌大清朝政四十七八年的圣母皇太后，她的家世因而受人重视，写作其家世的文字也多了。就以慈禧之父惠征为例，有人说他是监生出身，也有人认为他考取过进士，学历显有不同。至于他的任官经历，恽毓鼎《崇陵传信录》记他曾任"湖南副将"；德龄《御苑兰馨记》则说他是位"大将军"。这两说似乎都指出他是武官。不过也有人在著述里说他是文官，其职衔，如蔡东藩《慈禧太后演义》的"安徽候补道员"；唐邦治

《清皇室四谱》的"安徽徽宁池太广道";裕容龄《清宫琐记》的"初任山西潞安府知府,以后升任直隶霸昌道(即张家口)道台,不久又调任福建汀漳龙道台"。还有如《清朝野史大观·清宫遗闻》中更是特别,说他是"正黄旗参领",他又变成管理旗务的八旗官员了。惠征的学历、经历真是众说纷纭,莫衷一是。

史学研究的理论与方法告诉我们:名人笔记与口碑传说固然有一定的参考价值,但是要想建立历史情状,我们还得靠史料、文物来论断,不然会有不真实的缺陷。大陆学者俞炳坤花了不少时间与精力,在清宫档案的故纸堆中,找出了不少可信的资料,很值得我们一读。俞先生先从《爵秩全览》与《安徽通志》中证实惠征是监生出身,不是科举的进士。又从内阁黄册、军机处《上谕档》、《宫中朱批奏折》等原始文献中了解了惠征的历官过程。原来惠征在道光十一年(公元1831年)初任笔帖式,这个官名是满洲语bithesi的汉字译音,是部院衙门抄写、拟稿的低级文书官员。十四年京察定为吏部二等笔帖式,十九年时是八品笔帖式,二十三年京察定为吏部一等笔帖式,二十六年充任吏部文选司主事,二十八年春再升为吏部验封司员外郎。第二年闰四月十七日外升为山西归绥道道员,官居四品了。咸丰二年(公元1852年)二月初六日又被调任富庶的安徽徽宁池太广道,咸丰三年三月二十六日被撤职罢官,同年六月初三日因逃避太平军追击病死于江苏镇江,卒年四十九岁(公元1805~1853年)。至于他在安徽任道员时被革职事,有人说他"亏款";也有人说是"带印脱逃";张孟劬的《清列朝后妃传稿》写得比较具体,认为:"惠征……因贼至,携带银两印信避至镇江、泾县等处,奉旨开缺查办。"可见惠征的结局不是很光彩,尽管当时他的女儿已经被选入宫成了兰贵人。

不过,在惠征死后九年,慈禧的儿子载淳继承了皇位,是为同治皇帝。按清朝制度,皇太后母家的尊长都要受到封赏,因此在同治元年(公元1862年)八月十八日,慈禧的父亲惠征被追封为三等承恩公,赐谥"端恪"。祖父景瑞与曾祖父吉郎阿也同样被追封为三等承恩公,谥号则分别为"壮勤"与"端勤"。另外根据内阁黄册，可以看出吉郎阿在乾隆五十一年（公元1786年）任内阁中书，正七品，嘉庆六年（公元1801年）升为六品中书；同年十一月二十一日，梁章钜的《枢垣纪略》中记吉郎阿已考取了军机章京，奉旨在军机处记名。军机章京是接触中央机要的重要官职。嘉庆九年四月由内阁中书入值军机处。嘉庆十二年又升任内阁侍读，成为从五品的官员。十四年调为署理户部银库员外郎，第二年正式补授。十八年调任刑部员外郎。嘉庆二十年（公元1815年）以后，清宫、部院满汉文资料中都不见吉郎阿的记事，想必他是在当时辞世的。

慈禧的祖父景瑞生于乾隆四十五年（公元1780年），监生出身，先由捐钱得到一个笔帖式的职位，在太仆寺学习行走。嘉庆十一年（公元1806年）正式补授，第二年曾被派往张家口办理牧厂事务。十八年升任盛京刑部主事，二十一年调回北京，在刑部充当清档房主事。道光元年（公元1821年）擢刑部山东司员外郎，派掌广西司印。十一年又升为河南司郎中，官居正五品。道光二十二年以后，景瑞似乎仕途多舛、灾难连连。首先他奉旨往江苏任知府，由刑部引见时，却被皇帝认为他"才具平庸"，不胜其任，"着回原衙门行走"，京察一等的考绩也遭注销。道光二十三年京城又揭露了户部银库存银亏空大案，慈禧的曾祖父、也就是景瑞的父亲吉郎阿虽已去世，但皇帝认为多年来查库、管库的官员"丧心昧良，行同背国盗贼"，包括吉郎阿在内的嘉庆五年以后的所有负责官员，都得罚赔以作弥补。已故者由子孙照半数代赔，当时任职刑部郎中的景瑞被罚二万一千六百两，这对他全家来说，简直是天文数字，实在无法负担。景瑞想以拖延战术——少交慢交应付。没有想到道光帝是位很小器的君主，又适逢鸦片战争以后，国库短绌，因而景瑞等观望拖欠的官员都在道光二十七年五月被革职并关进刑部的牢房了。景瑞家人为救他出狱，乃急向亲友告贷，变卖财物，加上家中积蓄，到道光二十九年限期之前，缴上了应赔款项总数的六成，符合了保出的条件，五月二十六日皇帝才下旨："景瑞着即释放，并准其开复原官。"可是第二年由于景瑞年届六十五岁,皇帝命令他退休了。他的死亡时间不详,大约是在咸丰六年(公元1856年)之后,得年约八十岁,是慈禧祖宗三代中寿命最长的。

慈禧出生在三代为官的满洲家庭,可以说是一位养尊处优的官宦千金,传说中她家"贫甚"、当"丧娘"卖歌糊口等事,都是无稽之谈。

四
满族乎？汉族乎？

慈禧出自叶赫那拉家族，先人三代为官，她族籍属于满族应该是毋庸置疑的事。但是多年以来，仍有不少人相信她是汉人生女，不是满洲人。

慈禧是汉人这一说法的主要根据是流传在山西长治县西坡村和上秦村一带的口碑传说，后来又经过一本叫《慈禧童年考》的书，使得此说更为扩大流传，变得像似千真万确的事实。据说在清朝道光十五年（公元1835年）十月初十日，山西省潞安府（今长治市）长治县西坡村有一王姓人家，生了一个女孩，名叫王小慊，她的祖父是王会听、祖母陈氏，父亲王增昌、母亲李氏；家中贫苦，长辈靠打短工度日。道光十八年，母亲去世，又逢年景不佳，父亲无奈便将王小慊卖给了上秦村的宋四元家，改名为宋龄娥。小龄娥聪明过人，又善唱歌，颇得宋家夫妇宠爱，可惜好景不长，不久宋家遭难，无力抚养这位孤女，龄娥又被转卖给潞安府知府惠征家当丫头。惠征的夫人富察氏有一次发现龄娥双脚心各有一个奇特瘊子，认为是大富贵命的征兆，便收养了她，更名玉兰，并请老师教她满文、汉文，后来这位幸运的小女孩便能作诗填词、通晓史籍了，最后因选秀女而入宫，由贵人、嫔、妃升到贵妃，再被尊为皇太后。

长治县的这一传说在当地还有另外一种说法，那是上秦村的版本。故事是说慈禧生于上秦村宋四元家，初名宋龄娥，母亲也称李氏；龄娥年幼时，母亲不幸被狼咬死，宋四元无法照管女儿，便将她卖给了潞安府知府惠征家作奴婢。惠征的夫人替她改名为兰儿，有一天发现兰儿两个脚心都有痣子，认定是贵人之命，因而收为义女，改姓叶赫那拉，并请人教她念书。到咸丰二年（公元1852年），兰儿被选入清宫，后来当上了皇太后。

这些传说当然也引起不少人质疑，当地人便又提出一些佐证，坚称慈禧出生地在山西。例如有人拿出西坡村的《王氏家谱》，书中发现了"王小慊后来成为慈禧太后"的记录。又有人指出西坡村外羊头山西麓有慈禧生母的坟墓。上秦村又说有慈禧给宋家的书信、黄皮夹（附清代帝后宗祀谱）及个人照片等等。还有人认为慈禧爱吃黄小米、玉米面、壶关醋、萝卜菜，爱看山西地方戏上党梆子，爱唱山西民歌等等，都是幼年培养起来的嗜好，也是家乡情结，在在都能说明慈禧是山西出生的汉人。

凭着以上的传说与证物，自称是慈禧娘家后裔的五位老人还专门拜访了长治县的地方志办公室，并交上了一些《慈禧家境简介》资料，要求政府调查澄清。由于长治地方人士也有不少仍然认定慈禧是当地生的汉人，"山西省长治市慈禧童年研究会"便组织起来了，而且还召开了公开的学术研讨会议。专家学者们认为慈禧是山西汉人一说于史无据，太富传奇色彩。以下几个论点，值得一读：

（一）在慈禧出生到童年的一段时期内，潞安府一共有七个人担任过知府，其中没有惠征其人，而从慈禧生父惠征的做官记录中，也没有说他当过潞安府知府的事。

（二）《王氏家谱》记事从乾隆五十九年（公元1794年）开始，书中也记了"王小慊后来成为慈禧太后"的事；可是这份家谱不是原件，不是刻本，而是新的抄写本，史料价值不高，甚至可以怀疑有作伪之嫌。

（三）西坡村有慈禧生母坟墓之事，据说"因该墓系慈禧太后生母之墓，得以保存至今"，这更令人怀疑。因为自清末以来，大家对慈禧的印象不好,"文革"期间,慈禧生母如有坟墓存在,必属"封资修"一类,如何能得保存?简直不合情理。

(四)上秦村的问题也很多,如该村有慈禧娘家后裔之说,都是一批老人们自称的,根本不能证实他们的关系。又说关帝庙后有一处娘娘院,原为慈禧入宫前住所,这仅仅是传说,毫无实证。还有宋家土坑里刨出的书信残片,据仔细观察残片只有四十五个字,又支离破碎,而且关键性的一百多字是后来补写上的,更重要的,这些残片的字迹与现存北京一档馆的慈禧手书真迹的字体大有不同,可以说不是出自慈禧本人手笔。宋家另有一张慈禧的照片,也不足以证明慈禧童年是在宋家度过的,因为这张照片到处可以找得到。黄皮夹虽可能制于光绪年间,但持有者不一定就是皇亲国戚,而说它是宋家"进京入宫谒见皇太后的通行证",显然与清宫规制不符。总之,慈禧出生地在山西长治县的说法,很难取信于人,地方人士提出的证据几乎都没有历史的价值与意义。反观北京一档馆珍藏的《宫中杂件》第一二四七包中,记慈禧同父同母生胞妹的一份"排单"资料,文件上写着:

镶蓝旗满洲,恩祥佐领下,原任道员惠征之女,年十五岁。辛丑年七月二十八日戌时生。那拉氏。……

同胞妹妹是八旗满洲属下人惠征的女儿,慈禧的满洲族籍应该是没有问题的。我们知道:人们都有趋炎附势的本性,尽管慈禧被人诟病的地方很多,但是在她当大清国女主的期间,位高权重的当时,谁不想与她攀上一些关系呢?山西长治人也许难免有这种心理吧!

五
生地之谜

慈禧太后真是中国历史上的大名人,围绕她的故事传说实在也真是太多、太动人,就连她出生的地点,据大陆学者俞炳坤、徐彻等人的统计,至少有六处之多。

一是山西。这一说又分为西坡村与上秦村两地。我在前面已经谈过了,无论是史料文献与实物证据都不足证明,都不具有历史的价值与意义,因而不能成立,这里不再赘述了。

二是内蒙。据军机处《上谕档》道光二十九年闰四月十七日所记,慈禧的父亲惠征这时被任命为山西归绥道的道台。清朝山西的归绥道驻地在归化城,就是现在的内蒙古呼和浩特市。1984年5月19日《团结报》增刊上有名为王学愚的作家写了一篇文章,明确地指出呼和浩特市多年来流传慈禧太后生于该市落凤街的传说,他认为这是因为惠征曾任山西归绥道道员而牵强附会产生的。又说慈禧在归化城长成时期有乳母回民逯三娘等事,像似真实,其实都是不可靠的。因为惠征被派往归化任归绥道台,时间是道光二十九年,当日慈禧已十五岁,随父上任,在归化度过约三年的时光是事实,但说生在内蒙就不可信了。我们从清宫档案可以证实,慈禧出生于道光十五年，她父亲惠征从道光十一年到二十九年这段期间，一直是京官，没有离开过北京，当然女儿在归化城出生也就不可能了，"落凤街前未落凤"的结论应是正确的。然而非常奇巧的是，慈禧的外祖父名叫惠显，当时倒是在归化，他从道光十二年到十七年一直在归化城任副都统之职，慈禧的母亲有没有可能回娘家生产呢？专家的分析认为不太可能，因为一则归化离北京很远，在交通不便的当时，哪有舍近求远、不在进步的北京而到边远的归化生产之理。二则惠征家祖上几代为官，家道堪称富裕（道光二十七年才发生惠征之父景瑞入狱的事），媳妇跑到娘家生产可说是不体面之事，惠征家不会如此做也不能如此做的，所以慈禧在内蒙出生之说很难叫人采信。

三是甘肃。这一说完全出自传说，据称慈禧之父惠征曾经担任甘肃布政使衙门的笔帖式，家住兰州八旗会馆以南的马坊门，即现在兰州市永昌路179号的所在，慈禧就是在这里出生的。这一说相信的人不多，因为惠征本人任职笔帖式的时间确是很长，但都是在北京城里，他一生没有去过甘肃，慈禧出生地在兰州显然是无稽之谈了。

四是浙江。1993年8月22日，《人民日报》上刊出了一篇《史界新发现——慈禧生于浙江乍浦》的文章，指出惠征在道光十五年至十八年这段期间，曾被外放到浙江乍浦，担任六品的武官骁骑校，慈禧生于道光十五年，她的出生地是乍浦当然就有可能了，而该文还更具体地写出慈禧的出生地是"浙江平湖市乍浦城内的满洲旗下营"。作者还说乍浦老人中，仍有不少人能谈论慈禧幼年的事迹。慈禧确是道光十五年生，在时间上是符合的；但是其他的文章内容就经不起史实的考验了。例如惠征在道光二十九年之前，历任笔帖式、主事、员外郎等职，都属文官。清宫现藏的珍档中从未有提到他任职武官的。而且惠征在道光十五年至十八年之间确实在京城任官，仅是八品的笔帖式，未曾外放过。所以无论在时间上、品级上和官职上，都是与惠征的实际经历不合的，慈禧生于浙江乍浦的说法应属子虚乌有。

五是安徽。这一说法可能与《清朝野史大观·清宫遗闻》的记事有关，该书卷上有《那拉氏得幸之始》一条，其中云："那拉氏者，惠征之女也。惠征尝为徽宁池太广道，其女生长南中。少而慧黠，嬿艳无匹侪，雅善南方诸小曲，凡江浙盛行诸调，皆琅琅上口，曲尽其妙。"慈禧既"生长南中"，又是"凡江浙盛行诸调，皆琅琅上口"，她出生在南方是无疑了。"徽宁池太广道"在咸丰三年之前，所属地方有五府一州二十八县，当时安徽全省有五十一县，分南北两道，北道下辖凤阳府、庐州府、颍州府、滁州府、六安府、泗州府等地，兼管凤阳关。南道则下辖安庆府、徽州府、宁国府、池州府、太平府、广德州等地，兼管芜湖关。惠征所任的道员是南道，比北道辖地略多一些。由于南道兼管芜湖关，芜湖便成为传说中的慈禧出生地了。然而慈禧生于安徽之说也有不少问题，例如《清朝野史大观·清宫遗闻》所谓的"生长南中"究竟根据什么史料而写的呢？再说"南中"又何以能断定必是安徽呢？而最大的问题是在时间上的不符合，因为惠征出任安徽徽宁池太广道是在咸丰二年七月，当时慈禧已被清宫选上了秀女，她已是十八岁的少女了。她父亲此前从未去过安徽，更没有在安徽住过家，如何能说她出生于安徽呢？

六是北京。慈禧的祖先一直在北京做官，其父惠征更是有史料可考地在北京住了很多年，特别是慈禧出生的道光十五年，他当时正任职吏部二等笔帖式，这些资料在内阁道光十四年、十九年等黄册《京察二等笔帖式册》、《八旗文职官员俸银册》中可以得到证实。父亲在北京做官，女儿生在北京是比较合情理的说法。又《清列朝后妃传稿》下卷记：慈禧兄妹五人，慈禧为大姊，妹妹其次，大弟名照祥，二弟桂祥，三弟佛佑。二妹在咸丰五年参加了选秀女的行列，结果被选中嫁给了咸丰帝的弟弟奕譞，她虽然没有当上皇妃、皇后，但她的儿子载湉后来却入承大统，是为清末的光绪皇帝，所以也算得上是当时的名女人了。清宫里还存留着慈禧这位二妹在复选秀女时的"排单"，上面写着：

镶蓝旗满洲，恩祥佐领下，原任道员惠征之女，年十五岁。辛丑年七月二十八日戌时生。那拉氏。原任员外郎吉郎阿之曾孙女，原闲散景瑞之孙女，原任副都统惠显之外孙女。住西四牌楼劈柴胡同。

劈柴胡同应是慈禧一家自曾祖父以来的老宅地址，按照京师八旗分城居住的规定，乾隆三十五年（公元1770年）后，镶蓝旗都统衙门在阜城门内嘉寺胡同，劈柴胡同就在附近，应属于镶蓝旗属下人居住区，慈禧出生于此是合理的，是毋庸置疑的。

不过，自清末以来，有人说慈禧生于北京东城的方家园，如戊戌政变时的要角之一王照就写过《方家园杂咏二十首并纪事》的诗文集，其书首写道：

方家园者，京师朝阳门内巷名，慈禧、隆裕（指慈禧侄女，光绪嫡后）两后母家所在也。……

王照所言是指慈禧日后的娘家住处，或者说是隆裕的出生地更适合些，因为目前史料中还能看到慈禧母家迁居的情形。原来咸丰六年（公元1856年）时慈禧生下了皇子，晋封为懿妃，同年十二月初二日皇帝就谕令内务府大臣："着查官房一所，赏给前任道惠征家。钦此。"第二年官房租库员外郎晋英等在一份《呈稿》中奏道："当经本府查得西直门内新街口二条胡同路北官房一所，共计六十二间，奏请赏给前任道惠征家居住。于十二月初五日具奏，奉旨：依议。钦此。……"新宅约居住了近十年，到同治五年（公元1866年）十二月，慈禧的权位变得崇高重要了，她以皇帝名义降旨，将方家园入官的房产赏给她胞弟照祥，方家园因而成为慈禧母家新居所。后人说慈禧生于方家园也基于这个原因，但并不正确。

六
选秀女入宫

　　为了保持满洲皇家与贵族血统的纯正与高贵，清朝政府发明了一种叫"选秀女"的制度。从顺治朝开始，每隔三年就举行一次。在选秀女的年份，先由中央户部行文到八旗各都统衙门、直隶各省驻防八旗及外任旗员，要他们将自十四岁到十六岁的适龄女子，由族长、领催、骁骑校、佐领、参领这些长官，逐一将名单具结呈报给都统，再汇齐咨送户部备案。等到入选之时，由户部申报，得到批准后行文到各旗，准备参加选拔。外任旗员报名的女子要按期抵京，与在京应选女子一同选阅。吴振棫的《养吉斋丛录》中说："挑选八旗秀女，事隶户部。每旗分满、蒙、汉为先后。满、蒙、汉之中，以女子之年岁长幼为先后，造册分咨各旗。……有应挑而以病未与者，下届仍补挑。年已在十七以上，谓之逾岁，则列于本届合例女子之后。每日选两旗，以人数多寡匀配，不序旗分也。挑选之前一日，该旗参领、领催等先排车。……按年岁册分先后排定，然后车始行，……贯鱼衔尾而进。车树双灯，各有标识。日夕发轫，夜分入后门，至神武门外，候门启，以次下车而入。其车即由神武门夹道出东华门，由崇文门大街至直北街市，还绕入后门，而至神武门。计时已在次日巳、午之间。选毕者，复以次登车而出，各归其家。虽千百辆车，而井然有序。俗谓之排车。"当秀女们由神武门入内时，先到顺贞门前"候台"。这时太监们就按名册顺次引导秀女进入，由皇太后与皇帝评选。通常是五人一排，让皇太后与皇帝当面看选。如有被看中的，就留下她们的名牌，再定期复选。复选如果再被选上的，优秀的留于皇宫之中，随侍皇帝左右成为未来后妃的候选人。其余的则赐给王公与宗室之家，作为贵胄娶妻纳妾之用。所以选秀女实际上是一场选美活动，为皇帝、皇子、皇孙、亲王和郡王们物色婚姻对象而举行。由此可见，选秀女是很费时间的一项工作，手续也是相当繁杂的，审核更是多层，旗人家女子能被选上真是不容易。慈禧就是这样经过层层挑选之后才得入宫的。

慈禧选上秀女入宫的时间，据《清史稿》说："咸丰元年（公元1851年），后（指慈禧）被选入宫。"《清皇室四谱》也记："咸丰元年被选入宫。"这种说法只是按大选例行时间而言的，不是慈禧被选中入宫的时间。我们根据清宫的史料，发现道光三十年皇帝驾崩之后，继承的新君改元"咸丰"，咸丰元年正逢挑选秀女，从经办中央与地方各衙门的作业，到最后报表到中央，花费不少时间，直到这一年的十二月二十四日才一切准备就绪，主办单位呈报全部名单，恭请皇帝择期选阅。经过咸丰二年二月初八、初九两日赏遍群芳之后，皇帝正式选定，并于同月十一日发出谕旨，命令新选秀女陆续进宫。直到此时慈禧还没有真正地入宫。因为咸丰帝尚未释服（除孝），无法在内廷安置妻妾。同年二月二十八日内务府又向皇帝上了一件奏折，内文有：

……咸丰二年二月十一日由敬事房口传，奉旨："贞嫔、英嫔于本年四月二十七日进内。兰贵人、丽贵人着于五月初九日进内。春贵人、婉常在着于五月十二日进内。钦此。"……

兰贵人就是慈禧，据此可知慈禧入宫的时间是咸丰二年五月初九日，不是在咸丰元年。宫中档案的记事应该是可靠的；《清史稿》、《清皇室四谱》等书可能是从选秀女之年而立论，或是行文不妥而有了问题，我们阅读或是利用这些书作研究时应该要注意。

另外，像《清朝野史大观》一类的专书，说慈禧在咸丰元年被选入宫中当宫女，编在桐阴深处当差，皇帝因欣赏她的江南小调而宠幸了她，这一记事显然也是不正确的。从以上内务府档案中我们可以明确地看出，慈禧是经过选秀女胜出而入宫的，入宫的时间是咸丰二年，而且不是宫女身份，是列为后妃等级中第六级的贵人。贵人的地位绝不是供人使唤的宫女，却是可以使唤宫女的皇帝的妾，地位比宫女高得太多了。《清朝野史大观》我们就且把它当作"野史"看吧！

七
从贵人到贵妃

按清朝制度，皇帝的妻妾共分皇后、皇贵妃、贵妃、妃、嫔、贵人、常在、答应八个等级。皇后、皇贵妃这两级只能各有一人，贵妃、妃、嫔则分别为两位、四位与六位。贵人以下无定数，任凭皇帝的喜欢而纳娶。

慈禧被选入宫后，初定为贵人一级的名位，并赐予"兰"字封号。在宗人府的《玉牒》中，有关咸丰帝的记事《当今皇帝咸丰万万年》条下，记载皇帝各妻妾的生年时辰、谁人之女以及名位晋封等情形，其中写到慈禧的部分是："兰贵人那拉氏，道员惠征之女，咸丰四年甲寅二月封懿嫔，六年丙辰三月封懿妃，七年丁巳正月封懿贵妃。"《玉牒》是清朝历代皇帝及其家族的宗谱，规定每十年一修，以保持家史记录的完整。每次纂修时，都由宗人府宗正、宗令、满汉大学士、内阁学士、礼部尚书、侍郎等人充当正副总裁以及纂修官员，极为慎重地从事工作。修成之后，还要进呈皇帝阅审，并举行隆重的告成存放仪式。因此，《玉牒》数据应该是正确无误的，是毋庸置疑的。

慈禧从咸丰二年入宫，五年不到的时间，到七年正月竟由贵人连升了三级，晋封为贵妃，升迁不能不算是很迅速了。大陆学者俞炳坤又从内务府《奏销档》咸丰四年一月至三月的档册中发现有满文上谕，汉文译文是："咸丰四年二月二十六日奉上谕：贵人那拉氏着晋封为懿嫔。钦此。"此事在该档册的汉文目录上则记为："二月二十六日，兰贵人晋封懿嫔。"同时在缎匹衣料应得分例的奏销文件中，看出咸丰三年称"兰贵人"，四年则也写成"懿嫔"的不同，可见慈禧在咸丰四年确实是升等了，而且封号由"兰"字改成了"懿"字。按例说封号是不轻易改变的，像慈安一直用着"贞"字，如贞嫔、贞贵妃等。慈禧为什么会由"兰"字改作"懿"字呢？这其中原因现在还不能确知，因为没有宫中文献可以作解释。不过倒有一些事实可以供我们参考，例如在咸丰帝决定将慈禧由兰贵人晋封为懿嫔的同时，他又发出了一道朱谕，其中有"写清字上谕，将封号字拟数字，清文，候朕圈定，发抄时将封号汉文一并交阁"。不数日，军机处簿册《花翎勇号档》内写着："四年二月二十六日，有朱笔，当时缴内，拟清字四个，用黄面红里纸。"显然军机大臣们已遵旨拟出四个字，恭候皇帝圈定了。"懿"字可能就是这样改定的。"懿"字有"柔德流光"、"温和贤善"等意，这个封号当然比"兰"字好些，也更有意义。再说改封号的事也不是绝对不能做，据于善浦《清代帝后的归宿》一书记：玶常在，伊尔根觉罗氏，初入宫为英贵人，咸丰二年十月册封英嫔，三年九月降为伊贵人，五年二月降为伊常在，不久又降为伊答应，六年五月晋升玶常在。璷常在，姓氏不详，咸丰二年六月册封春贵人，三年十月降为明常在，五年二月降为瞒谙答应，六年三月晋升璷常在。这二人反复升降、数易封号的经历是极罕见的。由此可见，咸丰帝经常随个人喜怒，擅改后宫小妾的封号。

咸丰四年，在皇帝的新选秀女中，兰贵人最先脱颖而出，升等为嫔。为什么兰贵人能拔得头筹呢？这其中原因没有文字记录可考，不过现代学者都认为与慈禧本人的一些因素有关，她获得皇帝的宠爱，升等当然就不难了。慈禧究竟有哪些优长之处而令皇帝欣赏宠爱呢？以下几点也许值得我们注意：

第一，慈禧的美貌赢得皇帝的欢心。慈禧年轻时候的长相如何我们不得而知；不过慈禧自己曾说："入宫后，宫人以我美，咸妒我，但皆为我所制。"美得教人嫉妒，显然她长得不差了。后来为慈禧画像的美国人卡尔（Katharine A. Carl），在她的《慈禧写照记》（*With the Empress Dowager of China*）中说过："慈禧太后身体各部分极为相称，美丽的面容，与其柔嫩修美的手，苗条的身材和乌黑光亮的头发，和谐地组合在一起，相得益彰。太后广额丰颐，明眸隆准，眉目如画，口唇宽度恰与鼻宽相称。……耳轮平整，牙齿洁白如同编贝，嫣然一笑，姿态横生，令人自然欣悦。我怎么也不敢相信她已享六十九岁的大寿，平心揣测，当为一位四十岁的美丽中年妇女而已。"这是女画家仔细观察九个月的心得，慈禧年近古稀时竟然还是美丽如中年人，遑论她在二十多岁时的妩媚魔力了。另外一位满族人德龄，她是慈禧晚年的女秘书似的人物，她曾对慈禧的容貌评论说："太后当伊在妙龄时，真是一位风姿绰约、明媚鲜明的少女，这是宫中人所时常称道的；就是伊在渐渐给年华所排挤，入于老境之后，也还依旧保留着好几分动人的姿色咧！"总之，慈禧是美丽的女人应该是可信的。

第二，慈禧的才艺是其他后宫后妃不能比匹的。慈禧对满汉文字都有写读的能力，尽管汉文写作较差，常用错字，但大体上还可以，甚至她能"校书卷"、拟上谕、批奏章，样样都行，这是皇后钮祜禄氏（慈安）及其他妃嫔们不能及的。她的书法颇佳，绘画的技巧也成熟，更对戏曲有研究，而且自己也能吟唱，对于有心逃避现实、寄情声色的戏迷咸丰帝来说，慈禧必然是得他宠爱有加了。

第三，咸丰四五年间，皇帝虽有妻妾十人，但尚无子嗣。慈禧深知"母以子贵"的道理，若能为皇帝生一龙子，她就更能得到专宠了，更能立于不败之地了。她不断寻求药方帮助，终于在咸丰五年六月怀孕，第二年三月生下了皇子载淳。这位皇子虽非嫡后所生，但是长男，而且当时后妃都未生子，因此慈禧的地位顿时高升了，皇帝不久即诏封她为懿妃，同年十二月行册封礼。咸丰七年正月，更上层楼晋升为懿贵妃。也就是说慈禧因为生龙子载淳（即日后的同治帝）而由后宫五级的嫔，升为四级的妃，更变成三级的贵妃。当时咸丰帝又没有封二级的皇贵妃，所以慈禧事实上已跃居后宫第二位，地位仅次于皇后了。

慈禧的升迁之快，显然不单是运气，而应该与她的天赋容貌、能力以及个人的种种努力有关。

八
诞育龙种

清朝在礼部之下有太医院一机构，院内有院使（主官）、院判（副职）以及御医、吏目、医士等等专业人员，他们"给事内廷"，就是服务宫中的医疗团队。太医院早年分十一个专科，即大方脉、小方脉、伤寒科、妇人科、疮疡科、针灸科、眼科、口齿科、咽喉科、正骨科和痘疹科。后来将痘疹科并入小方脉，咽喉科并入口齿科，所以乾隆《会典》里才有所谓"掌九科之法"。中期以后，又把伤寒、妇人两科并入大方脉，疮疡科改为外科，针灸、正骨两科停设，因而光绪《会典事例》中说："现设五科，曰大方脉、小方脉、外科、眼科、口齿科。"

皇宫内院人口众多，包括皇帝、皇后、妃嫔、皇子皇女、宫女、太监等等难免会有生病的，因此清朝宫廷医案与宫中常用配方等文献资料，留存下来的很多。北京一档馆的研究人员曾于20世纪约请中医专家一同把这些"大内秘方"，加以整理，先后出版过《慈禧光绪医方选议》、《清宫医案研究》、《清宫配方研究》等书，对于清宫帝后人等的身体状况、患病情形、治疗方法、用药种类，都有可观的说明，加上编著者的评议，更是对当日医家、病家透现不少闻所未闻的消息。以慈禧来说，我们在宫中档案里就可以发现有这样的记事：

　　咸丰□年七月十三日，李德立（系太医院御医）请得懿嫔脉息沉迟。系寒饮郁结，气血不通之症，以致腹腰胀疼，胸满呕逆。今用温中化饮汤一贴调理。

这一帖"温中化饮汤"当时用药情形大概包含了香附、川郁金、厚朴、赤苓、杜仲、续断、五灵脂、炮姜、猪苓、焦三仙等等几种，用草蔻为引。直到光绪年间，御医张仲元、姚宝生还给慈禧开了"老佛爷和中化饮热之法"，药材及分量如下：

茯苓 四钱	焦于术 二钱	广皮 一钱五分
炒谷芽 三钱	姜连 八分研	炙香附 二钱
毂砂 八分研	炒神曲 二钱	党参 二钱
生甘草 八分		
引用藿梗 四分	鲜青果 七个研	

据现代中医的看法，这帖药"主治饮食减少，胸满痰多，吞酸作呕，虚寒胃痛等症"。

慈禧在少女时代以及入宫初期可能月经不调，因此她寻求药石解决问题，不然怀孕是比较困难的。一档馆的宫中档案有慈禧调经的药物资料，后来被专家们选出印在《慈禧光绪医方选议》一书中，时间只记"咸丰□年四月三十日"，但是明确地标示"懿嫔调经丸"，可见是慈禧专用的，既称"懿嫔"，时间必在咸丰四年稍后。这帖调经丸的药物与药量是：

香附 一两童便炙　　苍术 一两　　赤苓 一两

川芎 三钱　　乌药 一两　　黄柏 三钱酒炒

泽兰 一两　　丹皮 八钱　　当归 八钱

共为细末，水迭为丸，菉豆大，每服二钱，白开水空心送服。

现代中医专家认为："本方调经养血，止痛散瘀，于养血活血理气之外，加苍术、黄柏清热去湿，寓有二妙散意，足证西太后年轻时有痛经等月经病又兼带下之证。"

慈禧经过如此调理身体以后，果然到咸丰五年怀孕了，六月间，慈禧常住的储秀宫总管太监韩来玉向皇帝奏报，说懿嫔似有"遇喜"之象。咸丰帝闻讯后十分高兴，除命御医密切关心外，又给慈禧的"分例"（每月应领的各项费用与用品）按原定数额加半份。

咸丰六年三月《懿嫔遇喜大阿哥》档册中记："二十三日巳时，懿嫔坐卧不安，随奴才韩来玉问姥姥（系接生婆）□氏，说似有转胎之象。""二十三日未时，懿嫔分娩阿哥，收什（拾）毕，奴才带领大方脉、小方脉（分别指为成人及小儿视疾的医生），请得懿嫔母子脉息均安，万岁爷大喜。"

在同一档案中，又有回乳医方及福寿丹一帖，有方名而缺药名，经现代中医专家整理，在《慈禧光绪医方选议》书中作如下的记述：

咸丰六年三月二十五日，栾泰、杨春、李得全请得懿妃脉息沉滑。系产后恶露未畅，肠胃干燥之症。今议用回乳生化汤午服一贴调理。

咸丰六年三月二十七日，栾泰、杨春、李得全请得懿妃脉息滑缓。滞血渐轻，肠胃结燥，乳汁上蒸，肝经有热。今议用清肝回乳饮午服一贴调理。

咸丰六年三月二十九日，栾泰、杨春、李得全请得懿妃脉息滑缓。乳汁渐回，结核亦减，惟气血不和，滞热未净。今议用调荣化滞汤午服一贴调理。

以上是慈禧的部分，有关新生皇子的开口方则作：

咸丰六年三月二十三日，栾泰、应文熙请得阿哥神色脉纹俱好，今用福寿丹开口。

朱砂一分末　　黄连一分末　　甘草五厘末

蜜水调服。

新生皇子取名载淳，就是日后的同治帝。慈禧为咸丰帝生下了长男，也可以说为皇室建立了首功。她的地位在内廷中也窜升了。更重要的是咸丰八年时虽有玫贵人徐佳氏也为皇帝生一皇子，但这一龙种在生下不久后就夭亡了，从此以后，清宫中再没有后妃为皇帝生过男孩。慈禧的这次生下载淳，确实对清朝历史与慈禧个人都有着重大的意义。

九
母以子贵

咸丰六年三月二十三日（公元1856年4月27日），慈禧生下皇子载淳（即日后之同治帝）之后，"母以子贵"的效应就显著地发生了。首先皇帝为重奖有功人员，下令赏慈禧母家新住屋一所，就是前面提过的西直门内新街口二条胡同路北的六十二间官房。其次，慈禧的地位也发生了急遽的变化，她很快晋升为懿妃，第二年年初更晋封为懿贵妃，身份可以说连番地变得高贵。等到咸丰驾崩、同治继统，慈禧就被尊为皇太后，成为后宫首席人物之一了。

慈禧的祖先也随着追封为承恩公，可谓备极身后哀荣。还有一件事也是值得一述的，就是慈禧母家也在同治帝继承大位后被"抬旗"，这是表示朝廷对他们家的奖赏与恩眷。从很多原始档案中，我们可以发现慈禧母家原属满洲镶蓝旗，例如道光朝的《上谕档》二十九年夏季档（闰四月）中记：京察一等记名惠征是"镶蓝旗满洲"。慈禧的父亲惠征既然是满洲镶蓝旗人，他们家必属镶蓝旗无疑。惠征后来到安徽做官，咸丰二年安徽巡抚蒋文庆在进呈给皇帝的密折中，也提到惠征是"镶蓝旗满洲人"。这是当时人记当时事的官方史料，应该是可信的。另外在道光年间编成的

《大清缙绅全书》、《爵秩全览》以及稍后重修的《安徽通志·职官表》等书，其中也明确地刊载了惠征是"镶蓝旗"满洲人。咸丰五年慈禧胞妹参加选秀女的报名资料，现藏《宫中杂件》包中的，也写着他们是"镶蓝旗满洲"。总而言之，在上举的第一手史料中，件件都说明了惠征家是满洲镶蓝旗人的事实。

我们知道：按照清朝八旗制度，八旗有上三旗与下五旗之分。上三旗指的是镶黄、正黄、正白；下五旗则是镶白、正红、镶红、正蓝、镶蓝。两黄旗最早是属于清太祖努尔哈齐的，后来传于清太宗皇太极以及顺治、康熙帝等等直系皇家子孙。正白旗与多尔衮有关，也是清初有权有势的旗籍，因此上三旗一直由皇帝亲自统率，政治地位崇高。下五旗的地位不如上三旗，惠征家属镶蓝旗，是下五旗之一，当然给人的观感以及实际待遇都是不如上三旗的。

不过，清朝又有一项规定，旗籍有时是可以变更的，就是下五旗的人可以变为上三旗的人，这就是所谓的"抬旗"。通常，"抬旗"是有条件的，而且得由皇帝特旨才能施行。皇帝当然也不能随便给旗下人乱"抬旗"，一般是对有大功或受皇帝特别宠爱的大臣，以示奖赏与赐恩而"抬旗"，或者皇太后和皇后的母家因联姻而"抬旗"。慈禧尊升为皇太后之后，娘家照例也被"抬旗"，抬升成为上三旗的镶黄旗。慈禧是咸丰十一年七月十八日晋封为圣母皇太后的，同年十二月十八日在《大清穆宗毅皇帝实录》中我们可以看到"慈禧皇太后母家著抬入镶黄旗满洲"的记事。同时在军机处簿册第一四八包里也有同样的文字记载，慈禧娘家原由"镶蓝旗满洲"从此抬入"镶黄旗满洲"了。这也是不少日后专书里有不同说法的原因。如《清史稿》记外戚惠征一家"隶满洲镶黄旗"，而《慈禧外纪》中则说慈禧是"镶蓝旗人"，两说应该都是正确的，只是没有交代清楚"抬旗"前后的旗籍罢了。至于《清朝野史大观》记惠征家为"正黄旗"，甚至还有一些小说写慈禧一家是正蓝旗或是镶白旗等等，都是不正确的。

谈到"抬旗"的事，康熙、雍正朝有两例也许可以略加叙述，以供读者诸君参考：一是康熙年间，年羹尧的妹妹因选秀女被相中，后被派给皇四子胤禛，也就是后来的雍正帝为妾，年家也因此被"抬旗"，《八旗通志·选举表》里有记载，说明了年羹尧在当举人时还是"镶白旗"人，但后来年家变为"镶黄旗"属下人，这就是与皇家联姻的"抬旗"。另外，胤禛当了皇帝以后，他特别欣赏河南巡抚田文镜的居官成绩与行事作风，在雍正五年六月的一件谕旨里说：

田文镜自简任巡抚以来，忠正为国，实心尽职，整肃官方，所属下僚咸被化育，惩戒凶恶，抚恤善良，诚能尽教养之道，豫省吏治整饬，众所悉知，且办事熟谙，操守廉洁，凡有陈奏，知无不言、言无不尽，毫不隐讳，其诚心更属可嘉，将伊拨在上三旗，以示朕厚待贤能大臣之至意。钦此。（文见田文镜雍正五年九月十一日奏折）

田文镜就这样拨入了正黄旗。雍正时代人萧奭写的《永宪录》中记"年羹尧，镶白旗人"，《清史稿·列传》则说年家隶属"镶黄旗"，以及田文镜的有关传记也有旗籍"正蓝"与"正黄"的不同，都是抬旗的原因所致。

慈禧娘家的抬旗当然是"母以子贵"所收到的实惠。

十
后宫争宠

咸丰皇帝姓爱新觉罗，名奕詝，是清朝入关后第七代君主。他当皇子时曾娶了萨克达氏太常寺少卿富泰的女儿为嫡福晋。富泰的官阶也有史书里说是太仆寺卿的，无论如何，萨克达氏是咸丰帝的发妻。成婚的时间是道光二十八年（公元1848年）二月。这位嫡福晋真是薄命之人，第二年年底就不幸病逝了。奕詝在道光三十年继承大统之后，便追封她为皇后。当时后宫只有一位侍妾武佳氏，奕詝也封了她为云贵人（咸丰二年四月升云嫔）。对于刚即位的年轻新君而言，后宫显得空虚一些。

咸丰元年（公元1851年）正值选秀女之年，尽管还在皇帝服三年丧的期间，选美活动还是举办了。这一年究竟选中多少秀女给咸丰帝，因史料缺乏，不能确知，不过在获选的众人之中，广西右江道穆扬阿的女儿应该是最出色的，她家姓钮祜禄氏，当时才十五岁。咸丰二年四月二十七日她正式入宫前就被封为贞嫔，而在五月二十五日又有谕旨晋封她为贞贵妃，跳过了"妃"一级。更令人不解的是，一个多月后，"已拟为皇后"了。原定的"嫔"、"贵妃"等册封礼还未及举行，便在同年十月直接行了册立皇后的隆重大典礼。她为什么有如此好命好运，至今尚无法得知，有史书上称赞她贤慧有德，我们就暂且相信吧！

与皇后钮祜禄氏（慈安）同时被选上秀女入宫的，还有英嫔伊尔根觉罗氏、兰贵人叶赫那拉氏（慈禧）、丽贵人他他拉氏、春贵人、婉常在索绰罗氏、容常在伊尔根觉罗氏、玫常在徐佳氏、鑫常在等等。英嫔、春贵人来年就被降级了。兰贵人排第三位，丽贵人列名第四，她们显然是皇帝在新选秀女中最喜爱的。可是这两人从开始可能就暗中竞争，希望能得皇帝的恩宠。从官方文件上看，咸丰四年二月兰贵人叶赫那拉氏被晋封为懿嫔，她是除皇后钮祜禄氏之外，第一个被升等的。同年十二月丽贵人他他拉氏也被诏封为丽嫔，如此看来，她的受宠程度也是可观的。咸丰五年正月云嫔武佳氏去世，懿嫔的地位只有皇后比她高了。不过令她紧张与不安的是丽嫔已怀孕，结果五月时生下一女，这让懿嫔稍为宽心了一些。尽管丽嫔生的是小公主，但咸丰帝初尝为人父的喜悦，仍认为她有功，晋升她为丽妃，品级又比懿嫔超前了，足见丽妃在皇帝心目中的地位是不低的。

懿嫔不甘落人之后，在咸丰六年三月也生产了，而且生了皇子，这对当时皇宫里来说，无异是建立了大功勋，皇帝立即降下朱谕："懿嫔着封为懿妃。"不仅如此，第二年年初又封叶赫那拉氏为懿贵妃，她的地位又超过了丽妃，恢复内宫二号人物的身份。其后玫贵人徐佳氏虽在咸丰八年十二月生下一男，但未经命名即夭折，直到宣统三年清朝覆亡，宫中再没有生男的事，可见同治帝出生是清末宫廷最后的传宗接代喜事，懿贵妃因此稳坐后宫第二把交椅的宝位了。

尽管懿贵妃母以子贵，地位扶摇直上，但丽妃的气势也还是锐不可当的。在咸丰九年、十年的时候，每逢宫中大宴，东边第一桌都是后宫之主钮祜禄氏的，第二桌是丽妃和祺嫔。西边第一桌是懿贵妃和婉嫔，除了皇后外，丽妃与懿贵妃似乎有东西分庭抗礼的意思。因此到咸丰十一年皇帝驾崩后，当年除夕宫中敬事房日记簿上写了："十二月十四日，小太监金环具奏：年例干果盘，随奉二位皇太后（指慈安与慈禧）旨：着将丽皇妃撤下不给。"可见这是慈禧在儿子载淳继承大位、自己晋封为皇太后之后,对丽妃的一种"惩处"。事实上,丽妃是招她嫉恨的。咸丰帝晚年对丽妃的感情还是不差,例如咸丰九年让丽妃搬迁到咸福宫居住,以便皇帝就近临幸,至今宫中还有皇帝黄笺朱笔写的"咸丰九年月日,丽妃移住咸福宫大吉"的字条,显见皇帝还希望丽妃为他再生下龙儿。这样的事能不令慈禧怀恨,不令慈禧报复吗?

以上是史料中可以窥知的慈禧与丽妃争宠的一鳞半爪,其他"嫔"一级以下的互斗的情形就很难得知了。不过野史也有一些说法,我们就姑妄听之吧!

玫贵人徐佳氏据说颇有姿色,入宫后初封常在,不久就晋升为贵人。咸丰五年因"凌虐使女"、"与太监孙来福任意谈笑"恼怒了皇帝,五月至六月间她被连降三级,沦为仅陪皇帝睡觉的宫女。咸丰帝后来觉得自己的做法太过分,所以又恢复了徐佳氏的地位,让她变回贵人。玫贵人的遭遇说明了咸丰帝的爱憎任性,也反映了徐佳氏的恃宠而骄、得意忘形。

还有一个传说,谈到咸丰帝在内忧外患情势紧迫的当时,他每天寄情于诗酒,常和后宫小妾们在一起,有一个常在或答应级的小妾为得皇帝欢心,陪他饮酒作乐,以致皇帝夜醉晏朝,不勤政事。皇后钮祜禄氏听到此事立即传唤侍寝的小妾,厉声斥责,并传谕太监预备杖挞。咸丰帝后来赶到,问此妃何罪。皇后见皇帝驾到,遵礼制整襟跪拜说:

> 奴无状,不能督率群妾,使主晏起,恐外臣有议奴者,故召此妃戒饬之,无使奴受恶名也。

咸丰帝知道皇后在讽谏自己,心中虽有怒而不便言,于是以轻松口吻说:

> 此我多酒,彼焉能劝我酒,请从今不饮矣。

皇帝既然允诺改掉贪杯的毛病，皇后乃拜谢起身，一旁伺候的太监宫女都泪如雨下，感佩万分。这段传说正足以说明"邪不胜正"。

慈安可能就是这样的一位正派妇女，让皇帝对她有一种由衷的敬重与钦佩之情。外间又有一些传言，说慈安秀丽端庄，美德出众，幽娴贞静，符合中国传统道德的标准。她十分勤俭朴素，在宫中常穿布衣布鞋，饮食也有节制，相信这些表现会更令皇帝产生怜爱之心。咸丰末年，后宫能与慈安竞争的只有慈禧一人了。慈禧虽然没有慈安所具备的那些美德，但她的优长之处也是不少的。例如她通晓满汉文字，善书画戏曲，这都是其他后妃不能比的。她的沉着机智，更胜人一筹。当英法联军攻陷天津之时，咸丰帝正与妻妾在圆明园内"天地一家春"共宴，酒过半巡，军机处奏报到达。咸丰帝痛哭不止，慈安与妃嫔们也哭成一团，只有慈禧一人走向皇帝建议说："事危急，环泣何益？恭亲王素明决，乞上召筹应会之策。"可见慈禧有冷静分析、敢作敢为的应变能力。她又能洞悉人性，工于心计，她的掌权柄政确是具备条件的。

十一
略述咸丰

咸丰帝奕詝，生于道光十一年六月初九日，道光三十年正月二十六日登基，次年改年号"咸丰"，咸丰十一年七月十七日病逝。在位十一年五个多月（公元1850～1861年），得年三十一岁不足（公元1831～1861年），是个苦命的皇帝。

奕詝出生时，他的三个哥哥奕纬、奕纲、奕继都已去世，他的降生使年已半百的父亲极为高兴，而他也有成为未来皇位继承人的可能。不过，在他尚不满十岁时，生母孝全皇后钮祜禄氏突然"病"逝。孝全的死，至今仍是清宫疑案，而奕詝也因此暂由皇六子奕䜣（即日后大名鼎鼎的恭亲王）的生母静贵妃博尔济锦氏抚养。奕詝与奕䜣两兄弟年龄相近，对继承大统事根本不甚了然。据说他们的老师却在暗中重视此事。奕詝六岁入学，老师是山东人杜受田；奕䜣的老师则是四川人卓秉恬。据《清史稿》、《国史旧闻》、《清朝野史大观·清宫遗闻》记：奕䜣聪明能干，且对中外局势了解颇多，卓秉恬乃教奕䜣，父皇如有所垂询，"当知无不言，言无不尽"，若行校猎等事，亦应全力以赴。杜受田深知奕詝才能不如其弟，嘱凡事不与其弟相争。因此两兄弟后来打猎时，奕䜣"所得禽兽最多",奕訢则在围场中"但坐观他人驰射",未发一枪一矢,又"约束从人不得捕一生物"。皇帝后来问奕訢为何一无所获,他回答"不忍伤生命以干天和"。另一次皇帝"自言老病,将不久于此位",让儿子们谈谈对政事的看法。奕䜣侃侃而谈,堪称头头是道。奕訢则"惟伏地流泪,以表孺慕之诚而已"。道光帝"大悦,谓皇四子(指奕訢)仁孝,储位遂定"。奕訢就是这样得以继承皇位的。

奕訢是不是因为老师"辅导"而当上了皇帝,尚须作进一步考证;不过奕訢伦次居长,他年轻时的诗文艺术才华出众,以及皇父对他生母的突罹死难的"歉疚",这些都是道光帝选他作继承人时考虑的因素。道光帝临终前竟亲自用朱笔写下两份谕旨,一为"皇四子奕訢立为皇太子"、一为"皇六子奕䜣封为亲王"。这是清朝自雍正帝创立"储位密建法"以来的第一次,在密封金匣里有两张朱谕,算是怪事,也可见道光帝对奕訢、奕䜣二人的关爱相当,难作取舍吧!

奕訢得到皇位,固然是大幸事、大喜事,但对一个不是当皇帝材料的人来说,则可能是大不幸事、大苦事了。

咸丰帝即位之后,至少面临着三大问题:一是外患问题;二是内乱问题;三是朝廷内部的权力斗争问题。

奕訢九岁时,中英鸦片战争爆发了,结果清廷战败,割地赔款,辱国丧权,加上吏治不清,官员贪腐,军备废弛与国库空虚,清朝确实步上了衰亡之途,正如龚自珍所说的,当时已是"日之将夕"的时代。奕訢登基之后,英、法、俄、美等外国列强即不停地策划侵华的战争,咸丰六年(公元1856年)终于爆发了英法联军之役,或是被称为第二次鸦片战争。洋兵不但攻陷广州、蹂躏中国沿海,后来更扩大战火,延及华北的天津,甚而攻入京城,逼得咸丰帝逃离北京。这是满清定鼎北京以后第一次皇帝离开紫禁城避难,真让祖先蒙羞,而更令人沉痛的是,皇帝竟不再能回到京城,悲惨地客死他乡。

咸丰帝临朝理政的第一天,就接到有关湖南天地会党人在地方上作乱的报告。随即太平军的反清大战也爆发了，由广西出发，一路摧枯拉朽，势如破竹地打到湖南、打到江西、打到南京。从咸丰元年十二月初十日正式建号"太平天国"，到咸丰三年二月二十日洪秀全建都南京，改名天京，其间仅仅历时一年又两个多月，进兵之神速，战果之辉煌，堪称前史罕见。其后太平军分西、北两路远征，西征的成果是划江为界，形成南北分疆的两个政权。北伐军虽未得成功，但也打下河南、河北不少重镇，直接威胁到清廷的安全，让咸丰帝生活在惊慌恐惧的气氛中。

除了太平天国之外，全国各地还有很多地区也在"造反"，其中规模较大的有持续反清的"捻乱"，从咸丰二年闹到同治七年，前后历时十八载（公元1852～1868年），动乱的地区广达安徽、河南、江苏、山东等省，颇令清廷头痛。"回乱"也是当时另一个"造反"事件，云南人杜文秀领导的，曾建立大理政权，占领过二十多个州县，到同治十二年才走入历史（咸丰六年起事，历时十六年，即公元1856～1873年）。回民事变还延及四川等省，影响也很大。

天地会的势力在各地的发展也是可怕的，其中小刀会曾占领上海。称"红巾"的会众在广西建"大成国"，又有人建立政权称"升平天国"。贵州也有白莲教支派建"江汉"政权。当时全国共有十八省，其中有十四省都在内乱"造反"的烽火中，咸丰帝统治的国家，包括天子脚下的土地，几乎都被血腥、硝烟弥漫了。皇帝心情的沉重是可以想象得到的。

在朝廷与宫中，咸丰帝过得也不安适，烦心不快的事也很多。早期他以老师杜受田帮他幕后理政，然而这位良师名臣在咸丰二年就归了道山。一度他以六弟奕䜣为重臣领班，推行政务，但不久又因兄弟间产生嫌隙弄得不和。其后他依赖肃顺以严法治国，使满朝文武一片怨声，而肃顺一党大势形成，朝廷自然也有分派之事。

咸丰帝与六弟奕䜣不和的原因，基本上可能从他们竞争皇位时就发生了。奕詝登基之后，遵父皇遗命封了六弟为亲王并在内廷行走，后来也任命他管理京师巡防事务，更入军机而领枢务。太平军北伐部队被消灭，奕䜣也在被优叙的人员之列。表面上哥哥对六弟的待遇是不错的。咸丰五年，奕䜣的生母病危，由于这位皇太妃抚养过咸丰帝，皇帝也每日到内宫为她请安探病。奕䜣认为生母病重，恳请皇帝在她仙逝前赐给"皇太后"封号，好让她瞑目。咸丰帝因此议于国家制度不合，又因自己尚未生子，恐怕引起将来传位等问题，未作决定，但也没有明白拒绝。奕䜣以为皇帝已默认许可，立即到军机处办理尊号赐予的手续。这令皇帝颇为不快。后来皇帝还是在养母去世前九天降下了圣旨，尊养母为"康慈皇太后"，但对奕䜣的作为极度不满，不久便降罪奕䜣，认为他在办理其母丧仪上，"多有疏略之处"，因而"着勿在军机大臣上行走，宗人府宗令、正黄旗满洲都统，均着开缺"，几乎革了他所有的重要差事。直到咸丰十年，英法联军兵临北京城下，六弟奕䜣这时临危受命，留京收拾残局，算是再度被重用，然而兄弟关系上芥蒂更深了，朝廷大臣中也严重分派了。

奕詝当皇子时，算得上是个多才多艺的人。他的诗作留下的不少，他是画马的专家，对戏曲也有很深的研究。当他即皇帝大位之后，也是称职的君主，整日忙于政事，召对批章，从不间断。当时他很有使命感，想平息内外动乱，恢复清朝盛世的光荣。但是他毕竟只是一个平庸、保守的君主，尤其对世界局势了解得不多，当然他的愿望不能实现了。他个人的抗压能力又低，在内忧外患种种问题纷至沓来时，他承受不了，终于在折磨中倒下，凄凉地在热河避暑山庄结束了他三十一岁的短暂人生。

十二
咸丰要"亲征"?

道光二十年鸦片战争之后,中英签定了《南京条约》,中国从此步上了国际的大舞台,但中国人并未改变对外的观念。就以《南京条约》中开五口通商准许外商携眷入城寄居的问题,广州官员与人民坚持认为不可。皇帝又不断指示地方官"不可瞻循迁就,有失民心","惟疆寄重在安民,民心不失,则外侮可弭"。英国人一再交涉,毫无结果,于是便想到直接去北方与清廷中央谈判了。另外《南京条约》之后,清廷又与美、法等国订立《中美望厦条约》、《中法黄埔条约》,其中规定十二年到期时可以修改。咸丰四年(公元1854年)正是届满十二年,英、美、法等国决定借修约机会,向中国取得更多的权益,包括多开商埠可以延伸到华北沿海以及长江内陆城市。当然使臣驻京、内地教会、入城观光居住等等也是他们希望的。

咸丰六年,一艘在香港注册,悬挂英国国旗的亚罗号(Arrow)船,因涉嫌海盗等事,遭广东水师登船搜查捕人,因而引起双方严重交涉,英国驻香港海军还一度炮轰广州城。同年春天,法国有位传教士马赖(Auguste Chapdelaine)在广西西林县被杀,法国驻华代办顾随(Jean de

Courcy）闻讯后乃向广东巡抚叶名琛提出抗议并要求赔偿，叶名琛也只允准调查，拒绝晤面。当时英国自由党执政，非常重视海外利益，而法国又正是"第二帝国"的时代，醉心光荣。双方一拍即合，乃向中国发动了联合战争，所谓的"英法联军"或"第二次鸦片战争"由此爆发了。

英法两国在出兵攻打广州前，曾分别照会叶名琛，提出入城、赔偿等等要求，叶名琛一概拒绝，但他也不严防外军来犯。英法联军于咸丰七年十一月中猛攻广州，一天就攻陷了，叶名琛被俘，后送往印度绝食而死。叶氏所作所为，离奇特别，因而被人讥评为"不战不和不守，不死不降不走，相臣度量，疆臣抱负，古之所无，今亦罕有"。

广州陷落后，英、法、美、俄四国拟在上海与清廷谈判不成，乃挥师北上，咸丰八年四月初八日攻下大沽口，五月十六日上述四国与清廷代表桂良、花沙纳等签订《天津条约》，同意外国要求，允许北京驻使、长江开埠、内地游历、赔偿费用等事，并定于第二年正式换约。然而清廷后来以外使驻京事不能接受，以及长江通商恐招来后患，又与外使在上海谈判协商，但未得结果。咸丰九年夏天，英、法、美三国新任公使到了上海，他们根本无意再与桂良等人作无谓的讨价还价的交谈，决心扬帆再度北上，直趋天津。

咸丰帝也知道"夷人"不是容易对付的，他下令派曾打败太平军北伐部队的僧格林沁等秘密地备战，在大沽口一带河道上放下暗桩，两岸增加大炮，严阵以待洋兵的到来。结果英海军在大沽口闯关时，与清军发生激战，由于河道不畅通，洋船成了活靶子，动弹不得只好挨打。是役英船被击沉四艘，英军死伤四百多人，法军则伤亡十四人，联军见形势不利，实力也有悬殊，乃战败离开大沽。清军的这次胜利，不少人以为中国人洗刷了鸦片战争败北以来的积郁，伸张了中国人民的正义。有人吟着"四海愤郁二十载，一朝吐气须臾间"的句子，像似中国又富强了。不过，英法等国既为侵略利益而来，哪能如此受辱就善罢干休。不久他们便集结大军两万多人，战舰二百多艘，于咸丰十年七月底再对大沽口进攻，当时皇帝仍令"务以抚局为要","夷人"怎会还跟你谈仁义道德呢？他们到处"火枪骤发"，锐不可当，很轻易地取得了天津，不久又在通州八里桥打败了清军，连僧格林沁这位猛将也"于酣战之际，自乘骡车，撤队而逃"。另一位将军胜保领禁军督战也遭到败绩，至此京城被外军压境。

事实上，早在洋兵开向北京时，皇帝曾降谕旨，其中强调"朕今亲统六师，直抵通州，以伸灭讨而张挞伐"。大臣们有不少人上奏，请求皇帝不必亲征，也不去热河，而是留在北京坐镇抗敌。《翁同龢日记》里更透露了一项内幕，说咸丰帝的七弟醇郡王奕譞痛哭要求让他身先士卒，决一死战，也请皇帝不能北走热河。五弟惇亲王奕誴、军机大臣文祥等人也支持此议，皇帝似乎同意了并降谕旨，以安定民心。前方主将僧格林沁也上奏说："若奴才等万一先挫，彼时即行亲征，亦可不致落后。"这里所谓的"亲征"，实在就是"落跑"逃难的意思。可是不幸而言中，僧格林沁被击败，自己也临阵脱逃了，皇帝能不"亲征"吗？

据可靠史料的记载，八里桥大军溃散的当晚，圆明园内便召开紧急会议，参加的有不少亲贵重臣。这次御前会议决定两大事项，一是咸丰帝避走热河，官方文献中用"北狩"一词代替逃跑；二是命恭亲王奕䜣留京，全权处理英法问题以作善后。不过，皇帝也给了六弟一道朱谕，嘱咐他："若抚不成，即在军营后路督剿。若实在不支，即全身而退，速赴行在。""行在"就是热河避暑山庄的行宫。

咸丰帝等人逃离北京是相当匆忙的，应该说是狼狈仓皇出走。据当时任职詹事府詹事的殷兆镛记述，皇帝是从圆明园后门出逃的，连御膳与铺盖帐篷都没有带齐。另外清人写的《庚申英夷入寇大变记略》一书中也说："圣驾遂于（咸丰十年八月）初八日巳刻偷走。及各衙门值日引见等官赴园，始知上已北行，銮舆不备，扈从无多。……车马寥寥，宫眷后至，洶迫不及待矣。是日，上仅咽鸡子（蛋）二枚。次日，上与诸宫眷食小米粥数碗，泣数行下。"慈禧也在宫眷的行列中，随着咸丰帝凄凉地离开了首都，离开了"万园之园"的圆明园。

十三

且乐道人归道山

　　咸丰帝和他的后妃以及一批他宠幸的亲贵重臣仓皇地"偷走"出了北京,到热河避暑山庄"安闲"地避难,京师里却发生一些惊天动地的大事。现在举其重大的略述如下:

　　一是法军与英军先后闯入了圆明园,开始他们罪恶的抢劫与焚园活动,华丽辉煌的东方名园,顿时变成了强盗世界。先到园里洗劫财物的法国军人,每个人袋囊里都装有值几万至上百万法郎的奇珍宝物,有一位法国伯爵当时在现场,他后来写下的《手记》文章,其中有描绘文字说:"……一些士兵头顶着皇后的红漆箱;一些士兵半身缠满织锦、丝绸;还有一些士兵把红宝石、蓝宝石、珍珠和一块块水晶放在自己的口袋里、衬衣里、帽子里,甚至胸口还挂着珍珠项链。再有一群人,他们手里拿着各式各样的座钟和挂钟,匆忙地离去。工兵们带来了他们的大斧,把家具统统砸碎,然后取下镶在上面的宝石。……这一幅情景只有吞食大麻粉的人才能胡思乱想出来。……"英国军人的抢劫行动好像比法国人有秩序一些,他们由指挥将领下令,先军官后士兵地入园取物,而且每个军团轮番前往,以示公平。据英国《泰晤士报》(*The Times*)记者后来的估计,

"被抢劫和被破坏的财产，总值超过六百万英磅"。这种说法未必正确，因为自康熙时代修建圆明园以来，历经雍正、乾隆、嘉庆、道光几代的努力经营，至少耗费了二亿两白银的名园，损失实在是无法估计的。不但如此，英军又为了惩罚咸丰帝的毁约与扣留英国谈判人员，特下令几百士兵在洗劫之后，再放火烧毁掉圆明园，大火三天不熄，名园最后只剩下抢不走、烧不掉的几根石柱，向后人诉说英法士兵的暴行与中国人的义愤。李慈铭曾有诗云："五朝神籥翼皇州，纵火连宵烛九幽。法物尽随群盗去，仙山真见万灵愁。"其实当时中国人还有更多的愁呢！

二是奕訢留京办理善后的事，真是更令"万灵愁"的。英法联军的首脑完全以战胜者自居，令奕訢不能置辩地、无条件地分别交换了英、法《天津条约》的文本，并且又强迫签订了《续增条约》，亦即《北京条约》，如此一来，不但《天津条约》合法化了，英法两国又在《北京条约》的条文中取得更多的权益。如增开天津为商埠、华工出洋当苦力、割九龙司一部分给英国、允许法国传教士买田造屋以及赔偿英、法军费各八百万两等等侵略权益。更令人气愤的是沙皇俄国在这次战争中趁火打劫，他们也比照英、法与清廷订立《中俄北京条约》，清廷不仅承认了此前丧权极多的《瑷珲条约》，更把乌苏里江以东的一大片土地也割让给了帝俄。俄国人之所以能得到更多的权益，是他们以"帮助"中国人的姿态在清廷与英法联军之间调解有功所致。狡猾的俄国愚弄了腐朽昏庸的清朝统治者，也玩弄了精明霸道的英、法、美三国的使节与将领们，真不可思议！

以上北京方面所发生的不幸事件，很快地就传到了热河。咸丰帝当然非常难过，尤其圆明园的被烧，更令他愧对祖先，益发对洋人产生仇恨与恐惧。不过，由于他带了一些重臣去热河，这些人包括怡亲王载垣、郑亲王端华、肃顺、穆荫等人在内，必然在避暑山庄组成了一个政府集团。另外，留京办理善后的恭亲王奕訢、义道、桂良、周祖培、全庆、文祥等人也形成了另一个集团。这两个集团开始斗争了起来，首先是为回銮的事起争论。北京诸王大臣们主张皇帝尽快回京,以"安人心而固众志"。咸丰帝也有意在"天气尚未严寒"时回銮。《北京条约》签订后,皇帝提出了一些问题,诸如夷兵虽退,但未能保证其不来。还有夷使亲递国书,更令他不满,认为简直是使中国大皇帝颜面无光的事,不能忍受。奕訢因而上奏说明洋兵已全数撤离,无需担心。至于外国遣使呈递国书也不必视为不成体统,"其意必欲中国以邻邦相待,不愿以属国自居","似无诡谋"。热河集团的王公大臣们可能怕奕訢在北京挟洋人自重,坚决反对回銮,于是皇帝降下谕旨,除仍担心洋兵"去而复返"以及外使拿亲递国书事"再来饶舌"外,他宣称"木兰(热河)巡幸,系循祖宗旧典,其地距京师尚不甚远,与在京无异,足资控制",因而决定"暂缓回銮",并且在谕旨最后还加了一句"本年回銮之举,该王大臣等不准再行渎请"。回京事只有等咸丰十一年再谈了,可是谁又知道皇帝就此永远不能回京了。熟习清末史事的当时人薛福成在《庸庵笔记》中说:"迨和议成,英法兵退至天津,留京王大臣疏请回跸,上将从之,为三奸所尼,屡下诏改行期。"这是史实。清末另一位名人李慈铭则以为皇帝的"车驾时出打围","驿台诸优承值者,日演戏",显系把游乐看作比政务更有兴趣了。近世史家吴相湘记:"载垣等……大兴土木修缮行宫,导帝射猎或娱情声色,肃顺亦建筑私寓作久居热河计,凡此均足以影响帝之回京意念者。"引文中的"三奸"系指载垣、端华与肃顺,他们了解咸丰帝身体本来就不好,经英法联军入北京、逃难热河的一段艰苦时日,皇帝劳心劳力,精神更不如前了,来日也可能无多了,如果返回北京,奕訢必然左右政府,甚至未来的小皇帝也必然被托孤给六叔奕訢。载垣、端华虽是名王之后,但与皇室关系毕竟远了一些,特别是肃顺,他得罪的人太多,一旦权落奕訢之手,他自己能不能保命都是问题,因此不让咸丰帝回銮是上策。

至于皇帝本人,他似乎也不愿意返回京城,因为在热河行宫可以突破束缚皇帝的教条,他可以做个自然人,很多事能随性一些,所以他曾自称是"且乐道人",一度想写个条幅在寝宫中张挂起来,后被皇后钮祜禄氏劝阻才作罢。在肃顺等人安排下,皇帝在热河的生活也愉快多了,他喜欢戏曲,避暑山庄每两三天就演出一剧,有时上午已经花唱了,下午又加一场清唱,每次戏目都由皇帝以朱笔圈定。精神好的时候,皇帝也去围场捕杀一番,享受一下动感的刺激。当然最令他快乐的还是取之不尽的醇酒美人,他的身体也因此日坏一日,终于在咸丰十一年七月十七日(公元1861年8月22日)凌晨病逝避暑山庄,得年三十一岁。

十四

辛酉政变

咸丰十一年（公元1861年），按中国干支算法是辛酉年，这一年清朝发生了一场政变，史称"辛酉政变"。

辛酉政变也许应该先从咸丰帝身后事的安排说起。据军机处现存的档案记："咸丰十一年七月十六日，奉朱谕：皇长子御名（载淳），着立为皇太子，特谕。"在这道上谕之后又加了附注文字为："本日子刻，大人们同内廷王、御前大臣一起寝宫召见，面谕并辅政一道，写朱谕述旨后发下，即刻发抄。""咸丰十一年七月十六日，奉朱笔：皇长子御名（载淳）现立为皇太子，着派载垣、端华、景寿、肃顺、穆荫、匡源、杜翰、焦佑瀛尽心辅弼，赞襄一切政务。特谕。"这是可信的官方记载，也就是说咸丰帝的"遗诏"是立皇长子载淳为继承人，也命令了八大臣"赞襄一切政务"，可以说是一套辅政体制。然而有趣的，也是值得我们注意的，是皇帝在临死前又把两方随身印章"御赏"与"同道堂"分别授予了皇后钮祜禄氏与儿子载淳，作为皇权的象征，规定未来在载淳年幼不能亲政时，凡是八大臣等所拟的谕旨，须经皇太后与小皇帝同意，并在谕旨文字开始时盖上皇太后持有的"御赏"印，谕旨结尾处还得盖上小皇帝持有的

"同道堂"印，才算真正有效。小皇帝当时才六岁，当然不能处理政务，由生母慈禧代为执行，于是朝政的运作就变成两宫太后与八大臣共同处理的局面了。

咸丰帝为什么作如此的安排呢？我想应该是当时的实际需要吧。皇帝知道皇太子载淳年纪太小，根本不能理政。大臣们可以赞襄，但也担心他们会弄权，甚至夺权。两宫太后毕竟对政事经验不足，而且汉文能力有限，尤其肃顺与慈禧之间关系欠佳，所以他才想出这样一个互相牵制的奇怪不正常的政治体制。

慈禧与肃顺关系不好的事，清末不少人都谈到，《悔逸斋笔乘》说在逃难的路上，后妃们乘民间雇来的车辆，"车既敝旧，骡尤羸瘠，且急驱兼程，乘者不胜其苦。"慈禧想叫肃顺为她换一辆较好的车子，肃顺只漫应了一声："中途安所得车？俟前站再议可也。"可是到了下一站，肃顺并无动作，慈禧再要他换车，他却回答说："危难中那比承平时，且此间何处求新车，得旧者已厚幸矣。尔不观中宫（皇后）亦雇街车，其羸敝亦与尔车等耳。尔何人，乃思驾中宫上耶？"肃顺不但脸色不好看，说完就策马走人了。慈禧"虽不敢言，然由是深衔肃"。也有人说咸丰帝一行逃难到了热河之初，物质条件很差，一切供应不足，肃顺等尽力供奉皇帝，给宫眷们的待遇不好，《越缦堂日记补》中记："中宫上食，不过一羹，一胾，饭一器而已，贵妃以下，月给膳钱五千。"慈禧每天的伙食费不过一百多个铜钱，餐饮的质量根本谈不上了。想起在奔向热河的路上，后妃们仅以豆浆充饥，"而肃顺有食担，供御酒肉"，对肃顺的恃宠而骄行为，慈禧是恨之入骨的。还有一种更可怕的事，令慈禧寝食难安，据《十叶野闻》记："帝晚年颇不满意于慈禧，以其佻巧奸诈，将来必以母后擅权，破坏祖训。平时从容与肃顺密谋，欲以钩弋夫人例待之。醇王夫妇以身家力争，得不死。然慈禧固已微侦肃顺之倾己矣。"《清稗类钞》则记："初，孝钦（指慈禧）入宫，……有机智，遇事辄先意承旨，深嬖之。未几，生穆宗（指同治帝），进封为妃。迨贵，渐怙宠而肆骄，久之，不能制。……肃顺者，才略声华为宗室冠，文宗（指咸丰帝）素倚重之。孝钦知文宗且疏己，隐冀得肃以自援，而肃则以谂知后之往事，良轻后，后因是衔肃。……会又有间后者，以那拉将覆满洲诅咒之说进，文宗乃拟致之死，尝谓肃曰：'朕不日将效汉武帝之于钩弋夫人故事，卿谓何如？'肃嗫嚅，不敢置一辞。后闻之，愈衔肃。"钩弋夫人是汉武帝爱子弗陵（即汉昭帝）的生母赵倢伃，武帝怕爱子年幼，将来生母会擅权干政，乃借细故赐钩弋夫人死，确保不出现第二个吕后。效钩弋夫人事就是杀了慈禧而确保载淳的皇位。总之，慈禧对肃顺的仇恨是深极了。

咸丰十一年七月十七日晨皇帝驾崩后，八大臣就执掌了政权，他们辅佐皇太子载淳继位，以新皇帝的名义尊封皇后钮祜禄氏为皇太后。第二天又尊封懿贵妃叶赫那拉氏为皇太后。为区别起见，又称钮祜禄氏为母后皇太后，叶赫那拉氏为圣母皇太后。这两位皇太后初加徽号各是慈安、慈禧。在热河避暑山庄时慈安住烟波致爽殿东暖阁，故称东太后；慈禧住西暖阁，故称西太后。

八大臣又为小皇帝拟定了年号曰"祺祥"，并很快地铸造出祺祥新币，刊印了祺祥元年的历书，朝廷上一切看似上了轨道，行事都按照咸丰帝的遗命在执行。可是两宫太后，特别是慈禧，总觉得没有得到应有的地位与权力。在咸丰帝病逝前几年，慈禧常为皇帝阅读奏折，有时也与皇帝议论政事。肃顺等掌权后，两后"声威大减"，因此她们向八大臣要求阅览奏报，但清朝向无太后阅折之事，肃顺等为稳定大局，作出让步，从此变为"垂帘辅政，盖兼有之"的局面。咸丰帝死后约二十天，有位御史董元醇奏请太后垂帘听政，并简亲王一二人辅政。肃顺闻讯，"勃然抗论，以为不可"，热河政权掀起大政争，据说太后与八大臣争论时，"声震殿宇，天子惊怖，至于啼泣，遗溺后衣。"肃顺等人立即拟就诏旨严厉斥责董元醇，并警告垂帘之事"非臣下所得妄议"。太后对这份诏书不盖章留中不发，肃顺等也以"搁车"（拒绝办理政事）相抗，一时国家中央政府停摆了。后来两宫太后见情势严重作了让步,但对肃顺等更加憎恨了。在北京的恭亲王奕訢得到消息后,当然十分关心,也与太后们加紧了联络。

其实在董元醇上奏之前,奕訢以祭奠亡兄咸丰帝为由,去了热河避暑山庄,并与两宫太后秘商会议。据《庸庵笔记》说:"两宫皆涕泣而道三奸之侵侮,因密商诛三奸之策。"奕訢返京后,即宣布大行皇帝梓宫以及新皇帝将于九月二十三日回都,十月初九日新皇帝即位,造成一切平安无事的气氛。同时他也与亲信暗中准备政变的工作。奕訢甚至还在京中制造处分董元醇的声音,让肃顺误以为大家赞成他的做法,以麻痹八大臣,可是在热河返京途中以及北京都城里已经布下天罗地网等待肃顺等八大臣了。

热河集团的人分两路回京,载垣等随同太后及小皇帝间道先行,肃顺则守护咸丰帝的棺木在后。尽管端华"有郁郁意",对未来有些担忧。杜翰也在给朋友的信中说"默考时局,变故正多"。但是八大臣的头头肃顺却认为"事势大局已定,似不致另生枝节",愉快地上路返京了。

咸丰十一年九月二十三日两宫太后与八大臣一行离开了热河,慈禧等抄小路于六天后抵北京,随即与奕訢密商,接连两天,到九月三十日终以小皇帝名义发布谕令:"载垣、端华、肃顺着即解任。景寿、穆荫、匡源、杜翰、焦佑瀛着退出军机处。"派恭亲王奕訢等将他们"分别轻重,按律秉公具奏"。结果载垣、端华、肃顺三人先被处以凌迟死罪,后来觉得他们"均属宗人","惟国家本有议亲议贵之条,尚可量从末减,姑于万无可宽贷之中,免其肆市,载垣、端华均着加恩赐令自尽。"至于肃顺在回京途中就被逮捕,本欲议他贪赃枉法之罪,但抄他全部家产仅得二十万两,不及奕訢的十五分之一,这项罪名不易成立,乃以"跋扈不臣"、假传圣旨、悖逆狂谬等罪判以斩立决。据说肃顺行刑之日,北京万人空巷,前往观看。肃顺白衣白靴,面无惧色,骂声不绝,"其悖逆之声,皆为人臣子者所不忍闻",当然被骂的人不外是慈禧、奕訢等等。

肃顺行事虽极专横,但他对不少汉人却能礼贤下士,像曾国藩、左宗棠、胡林翼等中兴名将，都得到过他的帮助而保全了地位，甚至保全了生命，所以有现代史家说："肃顺其人，……对清王朝颇多贡献，他在抢夺权力的斗争中，败在慈禧手下，对清王朝来说，也许是一件不幸的事。"这一说法也是有些道理的。

辛酉政变又称祺祥政变，奕䜣虽是这场政变的重要主持人，但得利最多的却是慈禧太后。

十五
谈祺祥与同治

前面已经说过,咸丰帝在热河去世时,肃顺等人就迫不及待地为新皇帝载淳取了一个新年号,称为"祺祥"。当时由军机大臣们拟定了"祺祥"、"祥佑"、"安禧"、"兴符"四个年号,最后奉旨用了"祺祥"二字的一组,于是祺祥通宝铸造了,祺祥元年的历书也刊印了,祺祥显然成为未来皇帝的年号。

"祺"与"祥"都有吉利之意,"祺"字更有"吉"、"祥"、"安泰不忧"、"寿考维祺"等解释。"祥"字一般是"善事"的意思,但也有说是"善恶之征"的,有吉祥,有凶祥。无论如何,用"祺祥"为年号绝对是有好寓意的。按清朝制度,有重大的名号要使用或改称时,通常由军机处先拟出四组用字,再由皇帝钦定,如慈禧由"兰贵人"的"兰"字封号,改变为"懿妃"的"懿"字封号时,也是先由皇帝下令"将封号字拟数字,清文,候朕圈定,发抄时将封号汉文一并交阁"。后来军机处"拟清字四个",咸丰帝从中选了"懿"字,这些原始文献至今仍可以在军机处档案《花翎勇号档》里看到。同样地,台湾在乾隆年间发生了林爽文的变乱,事件平定之后,由于诸罗城内义民与官兵合力守御,保护城池，所以皇帝就命军机处拟定新城名，"以旌斯邑"。军机处提出"嘉忠"、"怀义"、"靖海"、"安顺"四个名称，请皇帝钦定，最后乾隆帝选用了"嘉义"，以嘉奖义民之意。

然而八大臣选定的"祺祥"年号，到辛酉政变后被人质疑，提出反对使用该年号的人正是与肃顺有宿恨的大学士周祖培。在咸丰帝"北狩"热河之前，周祖培曾与肃顺在户部同事过，他们各为汉、满两位尚书，当时肃顺专权跋扈，对周祖培极不友好，常常将周祖培批过的公文予以否决，甚至在公堂上公开大骂周祖培："若辈愦愦者流，但能多食长安米耳，乌知公事！"周祖培知道肃顺得皇帝宠信，有载垣等亲王撑腰，只能默默忍受。辛酉政变结束后，形势不同了，周祖培是京中集团的大将之一，于是对"祺祥"年号他发表了意见。他认为自古以来没有一个皇帝用过带"祺"字的年号，而"祥"字，只有南宋最后一个皇帝少帝（赵昺）以"祥兴"为年号，但这位少帝最后在蒙古大军追逼下逃到中国南海之滨，由陆秀夫背着跳海殉国，成为亡国之君，而且命运凄惨。"祥"字不吉祥，不应该采用。周祖培直指"祺祥"二字，不仅意义重复，而且不顺，所以他建议改用"熙隆"或是"乾熙"，并对肃顺等八大臣所取年号作了一番讥评说："不学之弊，一至于此，呜呼！国家可无读书人哉！"改年号"同治"的事，据说最后还是议政王奕䜣与军机大臣们议定，奉皇太后懿旨允行的，隐含着两宫太后共同治理的意义，这一天是咸丰十一年十月初五日（公元1861年11月7日）。另外，在《慈禧外纪》这本书里说道："（慈禧）太后读书较多，知此二字（指'祺祥'）不佳。意欲人人永忘载垣僭乱之事，遂取'同治'二字。盖欲靖逆谋，求治安也。"这一说也不无道理，似乎值得参考。

这里应该附带一述与"同治"年号有关的另一个问题。我们知道：清朝从奠基创建到退位覆亡，其间一共有十二代君主，他们是清太祖努尔哈齐、清太宗皇太极、清世祖顺治帝福临、清圣祖康熙帝玄烨、清世宗雍正帝胤禛、清高宗乾隆帝弘历、清仁宗嘉庆帝颙琰、清宣宗道光帝旻宁、清文宗咸丰帝奕詝、清穆宗同治帝载淳、清德宗光绪帝载湉、宣统帝溥仪。可是后世人写清朝历史时常见有称作"清宫十三朝"的，这究竟是什么原因呢？有人说就是载淳当皇帝时先后用了"祺祥"与"同治"两个年号，因而成为"十三朝"了。用了两个年号而称"十三朝"是可以说的，但不是穆宗载淳这一代，而是指清太宗皇太极在位第十年时因改后金国号为大清，年号也由天聪易为崇德之事。"祺祥"使用的时间很短，而且是被清廷废止的。"天聪"与"崇德"却象征着重大意义，所以在乾隆时代著名的蒋良骐《东华录》就称为《六朝东华录》，实际上乾隆之前只有五个皇帝，却有六个年号，日后史家多有肯定皇太极时代有"两朝"的说法，"十三朝"之说是由此而来的。

十六
第一次垂帘

咸丰十一年八月初一日奕䜣到了热河，与两宫太后密商了除"三奸"的计划之后，山东道监察御史董元醇便于八月初六日呈上了一份奏章，请太后权理朝政，并另简亲王辅政，其中有："虽我朝向无太后垂帘之仪，而审时度势，不得不为此通权达变之举。……现时赞襄政务，虽有王大臣、军机大臣诸人，臣以为当更于亲王中简派一二人，令同心辅弼一切事务，俾各尽心筹划，再求皇太后、皇上裁断施行，庶亲贤并用，既无专擅之患，亦无偏任之嫌。"这件奏章正合慈禧心意，但被八大臣反对无法施行，慈禧只好忍耐，让肃顺等人拟旨痛斥董元醇所请"甚属非是"。不过这次奏折风波却引起了不久后的政变，也为两宫垂帘开辟了前进的道路。

同年九月二十三日，热河集团的人马随着咸丰帝灵柩、小皇帝以及两位皇太后一起回京，六天后慈禧等先到达了京城，在恭亲王奕䜣的操作下，朝臣们纷纷请求皇太后主持政务，首先是有实力的军头胜保上书，内称："为今之计，非皇太后亲理万机，召对群臣，无以通下情而正国体；非另简近支亲王佐理庶务，尽心匡弼，不足以振纲纪而顺人心。""近支亲王"当然是指咸丰帝的六弟奕䜣了。两天以后，即九月三十日，大学士贾桢、周祖培等又上奏，内文中有："为今计之，正宜皇太后敷中宫之德化，操出治之威权，使臣工有所禀承，命令有所咨决，不居垂帘之虚名，而收听政之实效。"他进一步地请求皇太后理政。胜保与贾桢的两份奏章，可以代表文武大臣的心意，大家都肯定皇太后垂帘是亟需的事情。

慈禧随即抓住机会下令要大臣们召开会议，讨论"皇太后召见臣工礼节及一切办事章程"，并要求大家"将应如何酌古准今，折衷定议之处，即行妥议以闻"。经过大臣们一议再议，一改再改，花了半个月的反复磋商，终于在慈禧的指导下，由两道谕旨的文字中，太后与大臣合作完成的一份垂帘章程呈现出来了，共计十一条，其中要点约有：

（一）一切中外奏章，都应先呈进两宫太后慈览。

（二）慈览之后再发交议政王、军机大臣详议。

（三）**召见大臣**时，两宫太后代表皇帝作具体指示。

（四）议政王与军机大臣就请谕所得内容缮写谕旨。

（五）谕旨由王大臣等拟定后，再经由两宫太后审定。

（六）审定后再发内阁等机关办理实行。

从以上简要说明中可以看出：一切大权都集中在两宫太后身上，实际上就是慈禧一人可以操纵大权，因为慈安对政治事务没有野心，也没有兴趣。当垂帘章程正式公布时，慈禧竟然说："……垂帘之举，本非意所乐为。惟以时事多艰，该王大臣等不能无所禀承，是以姑允所请，以期措施各当，共济艰难，一俟皇帝典学有成，即行归政，王大臣仍当届时具奏，悉归旧制。"慈禧的虚伪由此可知，她的高明也由此可知。

咸丰十一年十一月初一日（公元1861年12月2日），两宫太后慈安、慈禧开始在养心殿垂帘听政。当天王爵以下、大学士、六部九卿等官员在养心殿外行跪拜礼。小皇帝载淳坐殿内宝座上，前面有御案，在他后面设有八扇黄色纱屏，纱屏后又设御案，左边坐着慈安，右边坐着慈禧，她们透过纱屏可以看到屏外的一切。从此两宫太后日日召见军机大臣，对于京中与外省的奏章也一一加以批阅，清朝中央又改以另一种新形式的政体综理国家大事了。

垂帘听政是新玩意儿，不少最早亲身经历的人都记下了当时的实况。例如翁心存、翁同龢父子二人在咸丰十一年十一月二十四日被引见时，他们在辰正（上午八时）进入养心殿，隐约看见两宫太后坐在黄色纱屏之后，同治帝则在纱屏前御榻上坐着。皇帝左边站着恭亲王奕䜣，右边站着慈禧的妹夫醇亲王奕譞。吏部堂官递上绿头笺，奕䜣接笺呈送皇帝案前，小皇帝示意，再由奕譞送到帘前，由帘内首领太监接笺，捧到两宫太后案前，前后约历时半个多小时，然后翁氏父子即退出了养心殿，至于皇帝及太后们有没有与翁家父子谈话，谈了些什么话，因为翁同龢没有记述，我们也无从得知了。倒是曾国藩由两江总督奉调直隶后，在同治七年十二月十四日也被召见，他却把当天的情形很详细地写在日记里，他说："巳正（上午十时）叫起，奕公山带领余入养心殿之东间，皇上向西坐，皇太后在后黄缦之内，慈安太后在南，慈禧太后在北。余入门跪，奏称'臣曾某恭请圣安'，旋免冠叩头，奏称'臣曾某叩谢天恩'毕，起行数步，跪于垫上。太后问：'汝在江南事都办完了？'对：'办完了。'问：'勇都撤完了？'对：'都撤完了。'问：'遣撤几多勇？'对：'撤的二万人，留的尚有三万。'问：'何处人多？'对：'安徽人多，湖南人也有些。不过数千。安徽人极多。'问：'撤得安静？'对：'安静。'问：'你一路来可安静？'对：'路上很安静，先恐有游勇滋事，却倒平安无事。'问：'你出京多少年？'对：'臣出京十七年了。'……问：'你从前在京，直隶的事自然知道。'对：'直隶的事，臣也晓得些。'问：'直隶甚是空虚，你须好好练兵。'答：'臣的才力怕办不好。'旋叩头退出。"曾国藩对这次召见作了如下的评语："两宫才地平常，见面无一要语。皇上冲默，亦无从测之。"

按清朝制度，大臣被引见或召见时，须由奏事处太监捧旨，直呼被召见人的姓名，然后领进殿屋，大臣入殿后必须先跪安，口称"臣某某某恭请皇上圣安"，满洲人则称"奴才"，起立后走到皇帝前面，再次下跪在预设的白毡垫上，皇帝问即答，大臣一直跪到问答完毕，才起身后退到门口，然后转身退出。曾国藩被召见时不是皇帝问即答，而是太后问即答，其他宫规还是照旧的。

慈禧就这样垂帘听政了，没有人会想到她竟如此地问政长达近半个世纪之久，成为掌握中国最高统治大权的女人。

十七
议政王奕䜣

辛酉政变的主角是两宫太后慈禧、慈安与恭亲王奕䜣,政变成功了,太后们如愿得到了垂帘听政的地位,奕䜣呢?他当然也应该在权位上有合理而令他满意的安排才对。

两宫太后从政变后便对奕䜣及其家人作了一连串的奖赏,我们在朝廷发出的谕旨中就可以看到:

咸丰十一年十月初一日,"恭亲王奕䜣,着授为议政王,在军机处行走";"宗人府宗令着恭亲王奕䜣补授"。

同年十月初二日,"恭亲王奕䜣,着补授总管内务府大臣"。

同年十月初八日,"恭亲王奕䜣,着先赏食亲王双俸,以示优礼"。

同年十月初十日,"大学士、九卿会同议上康慈皇太后尊谥,敬请升祔太庙,并据请将前上尊谥改拟,并请加至十二字,以表尊崇"。

同年十二月初九日,"恭亲王之长女,聪慧轶群,……着即晋封为固伦公主,以示优眷"。

同治元年正月初一日,"恭亲王……勤劳懋着,加恩着在紫禁城内坐四人轿,以示优异"。

奕䜣在两个月之内，尤其是咸丰十一年十月的前十天，竟得到了如此多项"优礼"、"优眷"、"尊崇"，可谓旷典殊恩，无以复加了。从表面上看，两宫太后对他在政变以及垂帘二事上的忠诚支持给了相对的奖赏。这里还得强调的是"封奕䜣长女为固伦公主"与恭王生母改拟尊谥，这些都令奕䜣心存感激。"固伦"是满洲语gūrun的汉字译音，本义是"国家"。按清朝制度，只有正宫皇后生的女儿才能称为"固伦公主"，其他妃嫔所生女最多称为"和硕公主"。如果有宗室家的女儿被皇后抚养时，出嫁日也最多称为"和硕公主"。一般亲王的女儿只封为"郡主"。奕䜣的身份是亲王，女儿竟被封为"固伦公主"，岂不肯定奕䜣有着皇帝似的名份吗？另外奕䜣生母博尔济锦氏，生前也抚养过咸丰帝，她病危时，奕䜣请兄长咸丰帝赐生母"皇太后"封号，皇帝因清朝从无尊先帝妃嫔为皇太后的先例，犹豫未定，结果导致咸丰帝与奕䜣两兄弟的不和。最后咸丰帝在养母去世前九天颁发了"康慈皇太后"的封号，让养母不留遗憾地归天，也让奕䜣稍感满意。不过当时的谥号没有加上"成"字，那是道光帝死后的谥号，不加这个字就不能袝葬道光帝之旁，也不能升袝太庙享祭祀。同时在不久之后，咸丰帝又下令革去了六弟奕䜣的重要职务，使兄弟间的仇隙更为加深。辛酉政变之后，慈禧为满足恭亲王的欲望，特别降旨改奕䜣生母尊谥，加了"成"字，并行了袝庙之礼，算是了了奕䜣的心愿，奕䜣内心必然是油生感激之情的。

然而如果我们只从这些表面封赏来评定慈禧，认为她对奕䜣的回报是极多、极好，表现了她真诚的心意，那就不一定正确了。因为她给奕䜣双俸，优待在紫禁城里坐四人轿等等，只是物质享受或精神虚荣上的满足，对实际政治权力的分享则是谈不上的。奕䜣"着授为议政王"，好像地位是很高了，可是"议"字的含意仅仅是"商议"、"研议"，并不能对朝廷中的大小事务有决定权，最多作些建议而已。这与清初多尔衮的"摄政"、康熙初年鳌拜等人的"辅政"以及刚刚被政变打垮的八大臣的"辅政"情形不可同日而语。多尔衮专权到大臣"只知有摄政，不知有皇上",鳌拜等四辅臣也是跋扈胡为到没有皇权可言。肃顺等八大臣也让慈禧吃过不少苦头,无法与他们争权,只得痛苦地忍耐。现在恭亲王奕䜣只是一个"议政王",根本无法掌控国家行政的决定大权。即使奕䜣又在军机处行走,担任内务府总管大臣,负责总理各国事务衙门以及宗人府等等单位,看起来地位是高极了,权力也似乎大极了,但是任何一个衙门的重大事务,只要是下达谕旨命令的,都需要以皇帝的名义发出,都需要两宫太后的钤印才能生效,由此可见:"议政王"只是虚有其名的。

　　事实上,慈禧自从咸丰帝死后,特别是辛酉政变之后,一直处心积虑地希望能垂帘听政,因为"听政"比"摄政"与"辅政"还更有法源可以得到决策大权。既然有两宫太后听政决定政策,颁降诏谕,奕䜣当然就被边缘化了,压根儿不能作为大政的决策人。有人说奕䜣被慈禧的奖赏双俸、女儿封爵、亡母加谥、坐四人轿行走内廷等恩典给迷惑了,没有深一层地窥知慈禧的阴险用心,上当也算自食其果。当初胜保的《奏请皇太后亲理大政并简近支亲王辅政折》不是开宗明义地就说是"辅政"吗?而且折文中还提到周公与多尔衮,他设想以此作为未来的政治体制模式,他心里想的是奕䜣当周公、当多尔衮,而不是只能议政的亲王。事后大家只忙着捧两宫太后垂帘,略了"议"字,恭亲王自己与支持的文武大臣显然都犯了错误。曾国藩曾经在一封家书里说过:"恭亲王之贤,吾亦屡见之而熟闻之,然其举止轻浮,聪明太露,多谋多改。……恐日久亦难尽惬人心。"他的这些具有前瞻性的判断,也许可以作为奕䜣在政变后所得"回报"不尽理想以及日后与两宫太后闹翻的一点解释吧!

十八
新人新政

垂帘听政实在是清朝政体的新局面,慈安、慈禧、奕䜣等又是新人掌控政权,当然应该有一番让人耳目一新的新政出现才对。

两宫太后听政之初,确实是有心想做出好的表现,想在军政吏治各方面做一些改革工作。先就要求各大臣对用人行政等一切事宜,据实直陈一事来说,咸丰十一年十月初二日,即辛酉政变后第三天,太后即以小皇帝名义颁降谕旨求直言,申明政府要广开言路,希望听听大家的建议。十月初七日,又假小皇帝之名发出另一上谕,告诫王公大臣应以"三奸"为戒,力除积习,希望大家振作图强。同月初八日,慈禧因为奕䜣呈上了奏章,表达了用人的意见,她又第三次用小皇帝名义降旨,说明奕䜣的建议极具重要性,赞成朝廷用人应多方听取他人意见,不可黑箱作业。可见慈禧在十月初的一个星期之内,连降谕旨三道,要大家直言,供政府参考,这种态度确是难得的。

同时慈禧也非常了解当时官场与吏治情形,文官不是因循苟且,就是渎职弄权。武官漠视军备,怕死贪生,造成军力不堪闻问。因此她坚信若要澄清吏治,整饬军纪,必须要大力改革,绝不能只打苍蝇不打老虎,否则不会收到效果。基于这一信念，文武大臣很快就有人受到严厉的处分，何桂清与胜保就是两个明显的例子。

何桂清是云南昆明人，历官户部右侍郎、浙江巡抚、两江总督。当太平军攻克南京后，何桂清正在江苏常州主管军饷等事务。清军江南大营溃败时，他拥兵自卫，没有前往救援。尤其敌人兵临城下之际，他竟然临阵脱逃，并滥杀常州城内阻止他逃亡的乡绅十多人。他到苏州时被江苏巡抚徐有壬拒准入城，并上书奏报他的失职。咸丰帝闻讯后震怒，谕令将他革职严审。何桂清乃逃到上海。不久英法联军攻北京，皇帝"北狩"热河，何案也就延搁下来。慈禧垂帘听政时，一方面因大臣的旧案重提，一方面因慈禧等主导的新政府想建立新形象，于是再审何案。当时的江苏巡抚薛焕、浙江巡抚王有龄都是何桂清的旧属，他们想包庇何桂清，奏请"弃瑕录用，俾奋后效，以赎前罪"，希望朝廷对他法外施仁。可是御史们上疏请太后追究其罪。慈禧乃于同治元年五月下令将何桂清逮捕，关入大牢。

何桂清的狱案又引起官员之间的纷争。刑部直司郎中余光绰也是常州人，他正好派来总办秋审此案，他认为"封疆大吏失守城池"罪行重大，加上何桂清又在脱逃时杀害常州父老十九人，应该罪上加罪，"拟斩立决"。刑部也同意他的看法，于是就呈报朝廷。没有想到太后又发出命令说："何桂清曾任一品大员，用刑宜慎，如有疑义，不妨各陈所见。"慈禧有此一谕，事后被不少人解释为她是要挑起一场大争论，以便造成更大的影响力，让全国臣民对她的施政有更多的关注。

果然大臣中有人以为慈禧等想对何桂清网开一面，一时竟冒出十好几份奏章为何桂清辩护，其中有官阶高到大学士与尚书的，他们或是为了见风转舵，或是与何桂清有深厚的私交。但是御史中仍有人举出道光与咸丰时大官因守城或疆土失陷而被处死的例子，质疑现今为何不追究失职？还有官员直接呼吁："今欲平贼，而先庇逃帅，何以作中兴将士之气？"主张严办何桂清。

尽管还有一些官员，包括何桂清自己在内，都上疏说情的说情，申辩的申辩，但慈禧显然主意已定，她在同治元年十月二十一日发布谕令："……已革两江总督何桂清一犯，自常州节节退避，展转逃生，致苏、常等郡全行沦陷。追奉文宗显皇帝严旨，拿解来京，犹敢避匿迁延，迟至两年，始行到部。朝廷刑赏，一秉大公。……将该犯比照带兵大员失陷城寨本律，予以斩监候，秋后处决，已属法外之仁。今已秋后届期，若因停勾之年，再行停缓，致情罪重大之犯，久稽显戮，何以肃刑章而示炯戒？且何以谢死事诸臣暨江南亿万被害生灵于地下？何桂清着即行处决。……"何桂清就在当天被处死了。

另外一个被杀的大臣是胜保。胜保是满洲镶白旗人，曾与太平军及捻军作战，立过一些战功。辛酉政变他更是积极的参与者。两宫垂帘与恭亲王得议政王地位，他也热心支持，应该算是新政府的功臣。同治元年六月，他被授予钦差大臣，督办陕西军务，镇压回民起事时，以前受他招抚的太平军与捻军首领苗沛霖等又杀官踞城，从事反清的战斗；而他自己更依仗政变有功，犯了骄纵贪淫、冒饷纳贿、拥兵纵寇、欺罔贻误等大罪名，被人先后奏劾。慈禧为慎重起见，特派僧格林沁为钦差大臣率山西等地方官员去调查是否真实，结果僧格林沁等回报确有其事。慈禧大怒，降旨将胜保革职拿问。胜保也就被人逮捕送到京城，交刑部治罪了。同治二年三月，慈禧命奕䜣与军机大臣、大学士同刑部会审，胜保只承认"带姬妾随营"一罪，同时递上亲供及诉呈各一纸，反控参劾他的大臣们诬告。慈禧不听他的申辩，降谕说："……苗沛霖性情阴鸷，胜保极口保其无他，且擅调其练众入陕。今苗沛霖已戕官踞城，肆行背叛；宋景诗以反复降匪，经胜保代为捏报战功，保至参将，后又在陕拥众背叛。是今日苗、宋二逆之縻饷劳师，皆胜保养痈贻患所致；而胜保之党护苗、宋二逆，不得谓无挟制朝廷之意。"胜保既犯了恃功而骄、贪赃枉法等罪，而又有叛逆之意，当然想活命就难了。慈禧最后因念其有战功，在同年七月十八日从宽让他自尽，得个全尸。

胜保的死，前辈学者萧一山认为是慈禧打击奕䜣的一例。大陆学者徐彻则以为与慈禧消除后患有关。我自己的想法是两位大家所言都有道理，事实上打击奕䜣也就是消除后患，对有野心、有远见的慈禧来说，两者不是同一件事吗？奕䜣不是很快就被慈禧整肃了吗？至于慈禧决心杀胜保时，奕䜣是充分配合的，未见有任何挽救的行动，可见慈禧杀胜保一事连奕䜣也没有想到是在打击他自己。有关这一点，我倒有另外一种想法，也许我们从兵部侍郎庆英的案例得以看出一点答案。垂帘听政之后，慈禧连下谕旨表明要清除官场各种腐败现象，庆英因为挪用公款被议罪，兵部给他降二级处分。庆英想通过恭亲王奕䜣请两宫太后"格外开恩"，从轻发落，因而带了银两，乘着夜色，到恭王府贿赂。奕䜣坚持不受，庆英则长跪不起，恳求奕䜣为他开脱。奕䜣最后赶走了庆英，第二天并将此事向慈禧报告，又上缴了庆英的贿赂银两。两宫太后了解事情之后，命内阁发出上谕，公布此事始末，并将庆英改罚革职。

庆英事件也许可以说明两件事：一是在垂帘听政之初，慈禧、奕䜣等政府主脑人物都想有一番作为，惩贪与办不法官员是从不会手软的。二是奕䜣事事向慈禧讨好，更不会对慈禧有任何的提防，也可以说慈禧的伪装很是成功。庆英的案子如此，胜保的案子是不是可以作如是观呢？

何桂清与胜保的被杀，说明了慈禧是不分满汉、不分文武、不分南北地严办不法官员，她想整治官场歪风，增强统治威权，是不言可知的。

垂帘听政初期，慈禧确实是想扭转清朝衰亡的命运，除了在上述对朝政上有新作为之外，她对自己似乎也有一番期许。同治帝登基后，她即命令翰林院等将列朝祖先的《实录》、《圣训》和汉唐以来母后临朝的史事，编纂成一册"可法可戒"的专书，赐名《治平宝鉴》，作为"隔帘侍讲"与小皇帝授课的教材。同时又把明朝名相张居正编的《历代帝鉴图说》作为她与小皇帝必读的书籍。慈禧本来汉文基础不是很好，她藉以进修，加强汉籍和汉文的知识与能力。她读《帝鉴图说》很有心得，曾说此书"于指陈规戒，绘图辑说，切实显豁，不无裨益"。

不但如此，她也很重视她个人的形象。同治元年四月翰林院庶吉士结业考试时，有个叫严辰的人，在文章中称慈禧为"女中尧舜"，慈禧知道此事后，认为行文"过事颂扬"，是"不求实际，专事揄扬，于人品学术，颇有关系，此风断不可长"，下令将严辰从一等一名改为一等末名。可见她很理智，要改正政府官员的不良风气。

此外，她下令宫中厉行节俭、重用汉人、支持初期自强等等政策，都是可以说明她力求上进、努力踏上中兴之路的，跟她日后的表现与作为真是不可同日而语。

十九 打压恭王

咸丰帝与后妃们逃难热河期间，恭亲王奕䜣留在京中处理善后，他与英法等列强签订了《北京条约》，洋人退出京师，让清朝得到安定与延续。他后来在设立"总理各国事务衙门"等各种事务中，也做得相当成功，博得英法等国的好感，也让京城一带的官民以为他会继咸丰帝为国君。同时新设的总理各国事务衙门虽只是一个外务机关，但是这个衙门显然在当时权位很重，超乎原来的六部了，尤其衙门下设南北通商大臣，具有管理通商、遣使、议和、勘界、借外债等等大权，还有海防、学堂、电线、铁路、矿业等事也由他们管辖，实在权倾中外。奕䜣在留京以后声望骤增以及他是总理衙门的领导，怎不令慈禧小心提防？

到了支持垂帘听政以后，奕䜣与其家人虽然得到很多旷典殊恩，但他的行事显然益发使慈禧看不顺眼了。例如两宫太后召见大臣之地，应该先经总管太监传旨，否则任何人不能擅入，而奕䜣常常不经太监传令他就径自入内了，显示了对宫规与太后本人的不尊重。还有在议政时，他常漫不经心，不能听懂太后的话，不耐烦地要太后重述一次，令太后不乐。更过分的是他在不同意太后的意见时，常会高声抗议。至于他与两宫太后论事时，不按宫礼行事，自斟自饮御茶等等，也一定会让太后对他心生厌恶。这些看来是小节小事，但在多猜疑的慈禧心中，确实会想到奕䜣有"不臣之心"。

我们若再从两宫垂帘早期的谕旨来看，很清楚地说明了奕䜣名位虽高，但实权还是有限的。在发出授恭王为议政王与在军机大臣上行走谕旨的第二天，慈禧等人又让内阁降旨宣告臣民，强调两宫太后"亲理大政"、"万几（机）日理"，一切用人行政大权统归太后们，不属于议政王。在载垣等人被赐死后，两宫太后又降旨说明各省及各路军营折报，都必须呈交太后阅览，再发给奕䜣等大臣详议，而大臣们会议研商后所拟写的结论，还得请两宫太后钤印才有效，这又表示奕䜣根本没有行政事务的最后决定权。咸丰十一年十月初九日，内阁又降谕称："现在一切政务均蒙两宫皇太后躬亲裁决，谕令议政王、军机大臣遵行。"总之，奕䜣只是遵行办事的人。可是，恭王不但"挟洋自重"，在小节小事上又违臣工规矩行事，尤其到太平军稍稍平定之后，全国各地的封疆大吏多属汉人，而汉人大官们又与恭王关系不错，这对慈禧来说，不安的疑虑便又增添了。

两宫太后在咸丰十一年十月十四日，似乎有预谋地颁降了一道谕旨，其中有："至中外臣工，于时事阙失，均宜直言无隐。即议政王、军机大臣等赞理庶务，如未能尽协机宜，亦准其据实指陈，毋稍瞻顾，以期力挽颓风，共臻上理。"既然太后有这样的谕令，大臣就有人出面参劾恭亲王奕䜣了。这位臣工是实际上职位不高的蔡寿祺。

蔡寿祺是江西德化人，本名叫蔡殿齐，道光二十年（公元1840年）进士，曾任翰林院编修。他是一个善于钻营、不安于位的投机分子，在翰林院多年不升官，便谋得一个外放四川的机会，但在四川他又犯了"私刻关防、招募乡勇、把持公事、大肆招摇"等不法罪行，被总督骆秉章、布政使刘蓉赶回原籍。后来得到胜保提拔，当了军中幕僚，胜保失势后，他向翰林院申请复职，再混入宫中，当起为皇帝与太后记录生活起居的起居日讲官，对宫中与皇室事务有了亲闻亲见的机会，又与总管太监安得海有了勾结，因而在同治四年三月初四日参劾了恭王。

蔡寿祺参劾的内容共有四大项：一是贪墨，说奕䜣收受贿赂，任用私人。二是骄盈，说奕䜣居功自傲，群相粉饰。三是揽权，说奕䜣打击谏臣，杜塞言路。四是徇情，说奕䜣偏袒左右，庇护属下。他希望慈禧罢黜恭王的一切权力，命其退出政坛。这次弹劾奏报，可以说正合慈禧心意，因而立即召来大学士周祖培等，要他们拟议处治奕䜣的办法。周祖培等见事态严重，在三月初六日召开内阁会议，并召来蔡寿祺当面追供，为慎重起见，还令蔡寿祺亲书供纸。结果发现所参各款，都无实据，只有贪墨一项指出具体人名为薛焕与刘蓉，但也只是风闻，没有铁证。周祖培等见慈禧盛怒，在淫威之下，不敢斥责蔡寿祺的举证全无，参劾不能成立。他们反而上书请求慈禧"裁减"奕䜣的一些事权，因为蔡氏所言，"虽不能指出实据，恐未必尽出无因"，希望就此结案。大家没有想到慈禧可能早就料准他们的心态，干脆她自己拟写了一份朱谕，交给大学士们办理。大家看了慈禧的手诏，人人震惊，谁能想到这位皇太后也能撰写公文呢？事实上，在咸丰末年，皇帝身心两疲或卧病之时，慈禧就常被命令"代笔批答章奏"了，对中央文书形式她已有了相当的了解。这次她亲拟的朱谕，虽有不少错别字及辞句不通处，但仍值得一读，现录全文如下：

谕在廷王大臣等同看：朕奉两宫皇太后懿旨，本月初五日据蔡寿祺奏，恭亲王办事徇情、贪墨、骄盈、揽权，多招物议，种种情形等弊，嗣（似）此重（劣）情，何以能办公事？查办虽无实据，是（事）出有因，究属暧昧知（之）事，难以悬揣。恭亲王从议政以来，妄自尊大，诸多狂救（傲），以（依）仗爵高权重，目无君上，看朕冲龄，诸多挟致（制），往往谙（暗）始（使）离间，不可细问。每日召见，趾高气扬，言语之间，许多取巧，满是胡谈乱道，嗣（似）此情形，以后何以能办国事？若不即（及）早宣示，朕归政之时，何以能用人行正（政）？嗣

(似)此种种重大情形,姑免深究,方知朕宽大之恩。恭亲王着毋庸在军机处议政,革去一切差使,不准干预公事,方是朕保全之至意。特谕。

周祖培等后来把慈禧假皇帝之名起草的谕旨加以润饰,交给内阁颁降。不料这份革去恭王一切差使的上谕发布后,引起了清廷的斗争风波。首先当上谕公布后,上自宗室贵族、部院大臣,下至地方督抚,有不少人都对慈禧的做法表示反对,因为蔡寿祺的指控几乎全无实据,皇帝竟然容许以如此"莫须有"的罪名参劾一位有功的亲王,而慈禧也竟以此罢黜奕䜣,实属欲加之罪,不能令大家信服。其次慈禧为了怕军机处是奕䜣的地盘,这道上谕让内阁而不是军机处发出,这是违反祖宗制度的作为,清朝统治者最重"敬天法祖",慈禧不能法祖,遭到群臣反对是必然的。慈禧见到各方的反弹,压力很大,在此后召见两批大臣时竟作出了两种不同的回应,三月初九日她会见倭仁、周祖培等人还坚定地说对奕䜣的处分不能更改,但前一天召见文祥等军机大臣,却说大家向她请求再任用奕䜣的事,她会照办的。两次谈话可谓南辕北辙,都有带领引见的锺郡王奕詥可以做证,难怪后来两派大臣争论时,大家都震惊得"相顾色然"。

慈禧毕竟是一个阴险而有机智的女人,她意识到彻底铲除奕䜣权势的时机还未成熟,而她想羞辱奕䜣的目的已经达成,因而她便采取妥协的做法了。四月十四日她召见了奕䜣,后来用谕旨告诉天下臣民:恭王曾伏地痛哭,无以自容,经面加训诫后,既然悔悟,改过自新,所以改令他"仍在军机大臣上行走",但议政王的名号革去,"以示裁抑"。

慈禧与奕䜣之间的第一次斗争就此落幕了,奕䜣的气势大受打击,从此对慈禧"事无巨细,愈加寅畏小心,深自敛抑",让慈禧在迈向最高权位的道路上又跨出了一大步。

二十
重用汉人

清朝以"异族入主"统治汉人，而汉人又特重夷夏之防，所以自清初以来，历代君主都怕汉人反侧，推翻他们的政权，因而在用人方面"首崇满洲"，对汉人加以提防。嘉庆以后，国势日衰，有识之士如龚自珍等即大声疾呼朝廷应破格用人，不分满汉，但嘉道时代仍重满轻汉，心态难改。咸丰年间，内忧外患更形严重。大学士文庆曾密请皇帝破除满汉藩篱，"欲办天下事，当重用汉人。"后来肃顺更大声地说："国家大事，非重用汉人不可。"可是咸丰帝对汉人的观感想法仍然保守，不敢违反祖宗旧制。以曾国藩为例，就可以看出当时清政府用人政策的一斑了。

曾国藩是湖南湘乡人，道光十八年（公元1838年）中举，后来考取进士，点了翰林，并任官至礼部的侍郎。咸丰二年（公元1852年）为母亲守丧回到家乡，这时太平军的动乱延伸到了湖南，曾国藩奉命组织湘军，迎战太平兵众，颇收牵制的效果。咸丰帝虽然利用曾国藩，但他不敢给曾国藩以更大的事权。如咸丰四年九月，曾国藩攻下了武昌，皇帝不得不给予奖赏，原先发表的要曾国藩代理湖北巡抚任命，很快改为"赏给兵部侍郎衔"了，就是说把有实权的巡抚要职改为一个没有兵权的侍郎空白头衔了。直到咸丰十年，看到曾国藩忠心不贰，而且建立大功，才实授两江总督。然而真正给予曾国藩军政大权的是慈禧，自她垂帘听政以后，曾国藩的权位日隆一日，如下略述可以窥知：

慈禧执政后不久，就对曾国藩加太子少保衔，命令他统辖江苏、安徽、浙江、江西四省军务，而且将以上地区的巡抚、提督等文武官员全由他节制。曾国藩是位理学家，熟知中国历史上威权太重大臣多有不好的下场，乃力辞不就职，慈禧不允，并且说："我两宫皇太后孜孜求治，南望增忧，若非曾国藩之悃忱真挚，亦岂能轻假事权？"充分显示了慈禧对他的信任。慈禧又依据曾国藩的建议，在咸丰十一年底调整了新的人事布局："以太常寺卿左宗棠为浙江巡抚，改安徽巡抚彭玉麟为水师提督，调湖北巡抚李续宜为安徽巡抚、河南巡抚严树森为湖北巡抚，以河南布政使郑元善为巡抚，擢候补道张曜为布政使。"慈禧对曾国藩像似言听计从的。其实沈葆桢出任江西巡抚、李鸿章为江苏巡抚、刘长佑为广西巡抚、毛鸿宾为湖南巡抚、江忠义为贵州巡抚，刘蓉、李桓、蒋益澧、韩超等人为布政使或其他地方高官，也都是与曾国藩有关的。在同治四年（公元1865年）五月时，全国十名总督，除湖广总督官文一人外，其余九位都是汉人。又十五名巡抚中，清一色的全是汉人。且九名汉人总督中，曾国藩的同乡湖南人竟占了五名，他们是直隶总督刘长佑、两江总督曾国藩、云贵总督劳崇光、闽浙总督左宗棠、陕甘总督杨岳斌。各省巡抚中，湘军将领也占大半。总之，当时各省的封疆大吏多是汉人，而且湖南籍的尤多，或者可以说西至四川、东至海边以及西南内地一带的土地全掌控于曾国藩之手，曾国藩如有"叛逆"之心，岂不又变成了洪秀全第二，而且会得到大多数汉族人民的认同，清朝真是太危险了，慈禧的这一赌注也真是下得太大了。因此当时有很多高官，特别是满洲亲贵，上疏提醒慈禧要提防曾国藩，也有人建议裁其军、削其权。慈禧为挽救清朝的危亡，为提升个人权势，为打击恭亲王奕䜣，她不惜一切地从事了这一冒险之举。不过曾国藩没有令慈禧失望，一旦获致信任、取得军政大权后，便在长江流域作了新的战略部署，他自己坐镇安庆，命曾国荃攻天京（南京）、左宗棠攻杭州、李鸿章攻苏州、彭玉麟攻长江下游、李续宜等援颍州，进图江北，鲍超等攻安徽宁国，宰制江南。结果一举攻陷了天京，打败了太平军，建立了不世的功劳。慈禧立即降旨："曾国藩着加太子太保衔，赐封一等侯爵，世袭罔替，并赏戴双眼花翎。浙江巡抚曾国荃加太子少保衔，赐封一等伯爵，并赏戴双眼花翎。"慈禧与曾国藩"君臣"之间可谓皆大欢喜。

不仅如此，曾国藩后来又受慈禧之命去追剿捻军，捻乱也是清朝内忧之一，名将僧格林沁都因追杀捻军而战死于曹州，势力不可小看。曾国藩不用僧格林沁的战略，他向慈禧说："扼要驻军临海关、周家口、济宁、徐州，为四镇。一处有急，三处往援。今贼已成流寇，若贼流而我与之俱流，必致疲于奔命。故臣坚持初议，以有定之兵，制无定之寇，重迎剿，不重尾追。"终于平定了捻乱。同治六年六月，慈禧又授他为大学士，仍任两江总督。七月，授体仁阁大学士。七年四月，授武英殿大学士，七月调任直隶总督。十二月特赐入觐，赐紫禁城骑马。曾国藩的声望与权势之高，可谓位极人臣了。

印鸾章的《清鉴》书中曾说："听政之初，军事方亟。两宫仍师用肃顺等专任汉人策。内则以文祥、倭仁、沈桂芬等为相，外则以曾国藩、左宗棠、李鸿章等为将。自军政吏治，黜陟赏罚，无不咨询，故卒能削平大乱，开一代中兴之局。"可见慈禧重用汉人收到了一定的效果，也为同治朝开创了所谓的"同治中兴"新局面。

二十一
同治中兴

清朝同治年间,慈禧太后等当权者,重用汉人文武大臣,消灭了太平军、捻军等反清势力,恢复了国内的秩序,再次巩固了清朝的统治权,而当时的中外满汉人士又合力展开了引进西方的军事装备、机器生产和科学技术等运动,以图自强。这种洋务运动以自强为主,以振兴国势为目标,不少同治时代以及日后的人,称之为或自诩为"同治中兴"。

清朝要"自强",在鸦片战争时代就有人呼吁了。林则徐、魏源等人早就提出"师夷之长以制夷"的主张,可是由于清朝帝王与一般大臣的守旧,始终没有被官方重视。即使到了咸丰时代,英法联军打到了北京,洋人的"船坚炮利"已经再度被证实确是优长于中国的军备武器,但仍然不为君主与中央公开承认其有"可师之处"。正如大陆学者茅海建说的,"他(咸丰)直身躺在时代的分界线上,手和脚都已进入了新时代,但指挥手脚的头脑却留在旧时代"呢!两宫太后垂帘以后,情形有些改变了。

慈禧相当程度地支持奕䜣的洋务运动,大陆学者徐彻说过:"慈禧是清帝国的乾纲独揽的最高决策者,没有她的支持,一切关系国家的重大举措都是不能实行的。洋务事业之得以开展,除中央的奕䜣、文祥等人及地方的曾、左、李外，根本上是慈禧在起作用，这是人们长期忽略了的。"他曾以同治五年（公元1866年）奕䜣上奏请在同文馆内添设一馆专门学习天文、算学事为例来作说明，其间经历的辩论与守旧派的反对过程，证明慈禧是自始至终赞成奕䜣的主张并给予支持的。如山东道监察御史张盛藻认为国家强与不强，不在天文、算学等"机巧之事"，而在"臣民之气节"，有了气节，"以之御灾而灾可平，以之御寇而寇可灭"。慈禧则降旨申斥张盛藻，说他的奏折不值得讨论。可惜奕䜣得到慈禧的支持，却没有得到一般臣民的支持，据说京城里有人作了一副对联讽骂奕䜣："鬼计本多端，使小朝廷设同文之馆；军机无远略，诱佳子弟拜异类为师。"这些文字既诬蔑了奕䜣及其主政的军机处与总理衙门，同时又挑拨了慈禧与奕䜣的关系。但慈禧也不以为意。

张盛藻失败后，守旧派大领导倭仁跟着出马了。他说："窃闻立国之道，尚礼义不尚权谋；根本之图，在人心不在技艺。"又说："天下之大，不患无才，如以天文、算学必须讲习，博采旁求，必有精其术者，何必夷人？何必师事夷人？"他主张天文算学馆不能设立，以免"上亏国体，下失人心"。慈禧对倭仁的对策实在高明之极，她说倭仁既认为"天下之大，不患无才"，那就请你倭仁"在总理各国事务衙门行走"，就是到这个衙门去工作，酌量保举合格的人来学习，"另行择地设馆，由倭仁督饬讲求"，训练一批"尚礼义"、"具人心"的专才救国看看。倭仁一再辞职，慈禧不准，结果使倭仁痛苦不堪，因为"礼义"、"人心"怎能对付西洋的"船坚炮利"呢？其后又有候选直隶州知州杨廷熙上奏，以久旱不雨、大风昼晦等灾异现象为由，大谈"天人感应"之学，指出"同文馆之设，有十不可解"，希望朝廷"撤销同文馆，以弭天变而顺人心，杜乱萌而端风教"。慈禧下令军机处起草驳斥杨的上谕，措辞严厉，说这奏折"呶呶数千言，甚属荒谬"，"所陈十条，不过摭拾陈言，希图自炫"，"杨廷熙草莽无知，当此求言之际，朝廷宽大，姑不深责"。最后慈禧又降一道谕旨，说因倭仁托病请辞，"倭仁不必给假，一俟气体可支,即以大学士在弘德殿行走,其余一切差使,均着毋庸管理"。从此倭仁只能当小皇帝的老师,不得过问其他政事了。这次争论从同治五年十一月开始到六年六月结束,慈禧显然是支持洋务运动的。

大陆另外一位学者隋丽娟基本上同意徐彻的看法,也相信慈禧的一切决策以大清统治与她个人利益为先。她说:"慈禧痛恨外来侵略,她希望清政府能够拥有有效的抵抗外侮的手段。……慈禧对于能够稳固统治的富国强兵措施,是来者不拒并积极支持的。"而洋务运动正是当时富国强兵、抵御外侮的有效工具。不过,她也举两个例子说明了慈禧推行洋务运动时的问题。一个是选派人员出国留学的事:洋务派人士知道要学习西方科技文化,除了请洋人来中国教学是一条途径,最直接有效的还是派中国年轻人出洋,彻底地学习精髓文化,因而在当时就有了一项一百二十名幼童分四批留学美国的计划。同治十一年七月初八日,三十名首批出洋,其后又逐年分批送到美国。这些留学生年纪不大,传统中国文化对他们的影响不深,他们到了美国之后,一切都美国化了。慈禧不断地接到有关的报告,非常担忧,她怕留学生都会变成"洋鬼子",将来回国后,成为大清王朝的"掘墓人",花大钱培养了一批"叛逆",实在不合算。因此慈禧为了保卫清朝,保卫她的统治地位,在光绪七年(公元1881年)五月十二日毅然地中止了留学计划,招回所有的留学生。据日后的统计,当时许多人还是中学生,六十多人中断了大学的学业,真正获得大学学士学位的只有两人。

另一个是开发开平煤矿修建铁路的事:李鸿章建议修筑从唐山至胥各庄的铁路,以便运煤,既快速又低成本。慈禧迷信风水,认为火车的运行一定会使葬于遵化东陵"万年吉地"里的皇家祖先不安,影响到清朝未来的运势,所以传出慈禧主张"马拉火车"的可笑说法。事实上,这条铁路在最初运行的时候,确实部分是用马拉的,时人称之为"马车铁路",后来经唐廷枢等努力争取,才恢复以机车行驶。总之,隋教授批评说:"慈禧缺乏作为一个新时代最高统治者应有的知识和思想,……她将一己的权力看得比国家、民族的利益和未来的发展还重，顽固地坚持已经过时了的东西，没有把中国带入近代化的门坎。"

在洋务运动期间，中国境内确实出现了不少具有近代意义的新生事物，如军械所、同文馆、江南制造局、福州船政局、船政学堂、筑铁路、开煤矿、架电报、练新军、购船舰、遣使出洋、派人留学等等，一时确实呈显了"中兴"气象，也为中国造就了不少外交、海关、铁路、矿业、电信、新闻等方面的专门人才。但是江南制造局只有规模不大的船坞，兵船坏了还得去上海耶稣会船坞修理。该局所造的云炮，一小时只能发射七八发炮弹，被人形容为"太平年月无用，战争起时是废物"。金陵机器局出品的大炮，质量也很低劣，经常"自我爆炸"。英国驻华参赞参观旗兵学用洋枪时，说射击员"好像十八岁的姑娘，真叫我们国内射击俱乐部会员羞于看见"，可见西化的成效不好。更可怕的是清末小说《官场现形记》与《二十年目睹之怪现状》等书中揭露的洋务巨额经费流入贪官口袋的情形。总之，"同治中兴"实在"兴"得可怜！

近代美国史家说：在中国儒家的国度里，没有适合当时洋务运动的土壤，所以西化无法茁壮成长，更谈不上开花结果了。

二十二
望子成龙？

中国在帝制时代，凡是结了婚的妇女，都希望为夫家早生贵子，而且期待亲生儿子能成为有用的、有名的人物，慈禧应该也不例外。

慈禧望子成龙的心确实是非常殷切的，现在我们就来看看她的心路历程吧！

当她被选上秀女入宫、封为兰贵人之后，她必然希望得到咸丰帝的宠爱，为皇帝生个龙子。这个心愿终于达到了，在咸丰六年（公元1856年）三月二十三日她生下了载淳，这是皇帝后宫诞生的第一个皇子，慈禧也因此由懿嫔晋升为懿妃，继而赐封懿贵妃，地位大为提高。但是当时的皇后比她还年轻，其他的妃嫔也都有可能为皇帝生子，慈禧为这些事担心烦忧着。所幸皇后钮祜禄氏不能生育，而丽嫔他他拉氏虽早慈禧一年怀了孕，但产下的是一位小公主，这让慈禧松了一口气。咸丰八年十二月初五日，玟贵人徐佳氏为皇帝生下一男，只不过这位皇子出世后数小时就夭折了。慈禧在皇室生产皇子的竞争中，又取得了一次胜利。其后一直到咸丰帝病逝，宫中后妃再没有人生男育女的，慈禧的儿子载淳乃成为咸丰帝的唯一子嗣，由他继承皇位是肯定的了，慈禧望子成龙的心愿，至此总算顺利地达成。

然而，慈禧也想把她的儿子培养成为一代明君英主，而这种望子成龙的心愿，绝不是得皇帝宠爱或压倒后宫后妃们的竞争所能实现的。她知道后天的教育最为重要。在咸丰帝还在世的时候，就已经聘请了名儒李鸿藻当载淳的启蒙老师。慈禧垂帘听政之后，为加强对儿子的教育，又延聘三位知名学者大臣加入师傅的队伍，希望把同治帝教成一代杰出君主，像皇家祖先康熙帝一样，文武双全，再为大清朝开创一个盛世。

当时的四位帝师，可谓一时之选。李鸿藻生于官宦世家，学历资历都很出众，他精通百家要旨，才华更是著名。祁寯藻曾任体仁阁大学士、首席军机大臣，也曾当过道光与咸丰二帝的老师，书法特别有名，被誉为"一时之最，人共宝之"。翁心存也当过大学士，被慈禧选上当载淳的老师，只是时间不长，死后由他儿子翁同龢继续担起教授同治帝的责任。倭仁虽是满族，但他的学问很好，而且是时人公认的理学大师，也历官至文渊阁大学士。除此之外，慈禧还请了专门教满文、蒙文、骑马、射箭的专业人士作指导的老师，希望把载淳教成一位全知全能的大皇帝。

据说当时恭亲王奕䜣还受命为同治帝制作一份课程表，每天的作息情形是这样的：

一、每日皇帝至书房，先拉弓，次习蒙古文，次读满文，最后读汉文。

二、皇帝上课时间，在每日临朝召见、引见臣僚之后，开始时只读半天书，八岁之后延长为全天。

三、诵读与讨论，二者不可偏废。皇帝读书之暇，应时时与师傅讨论问题，以求得深入了解文中经义。

四、拉弓而至步射，步射而至打枪，随年龄增长调整学习进度。

五、自幼即须骑马，入学后每隔五日，即于下书房后在宫中长弄学习骑马，由当日教读满文之御前大臣压马，大臣三四人进内教习。

六、学习步射与打枪时，由御前大臣及乾清门侍卫数人随同校射，以资观摩。

七、为重功课计，拟请懿旨严饬皇帝于驾幸紫光阁习打枪时，不得各处游览，打枪毕，稍坐即还宫。

从以上老师人选与课业安排来看，确实是希望能把小皇帝造就成一个允文允武的英主。但是人有个性的不同与才智的差异，同治帝能否接受这样的调教，勤学苦练，将来成大器呢？我们知道：康熙帝也是冲龄即位的，他在太皇太后孝庄的"鞠养教诲"下长成。康熙帝从小就对读书学习有兴趣，"早夜读诵，无间寒暑，至忘寝食"，祖母对他的"矢志读书"，曾经打趣地说过：哪有这样的人，贵为天子，却像书生赶考一样苦读？康熙帝平日虽手不释卷，但是不是死读书，他"间有一字未明，必加寻绎，务至明惬于心而后已"。康熙帝也听从祖母的教诲，知道人间事物习惯的好坏，祖母劝他不吸烟、不喝酒，他立即戒烟戒酒，而且终身知所节制。他的言行举止，也养成不喧哗、坐端正的良好习惯。堪称"帝王教育"最成功的实践者。

同治帝能与他的这位祖先比美吗？实在差得远呢！现在我们可以从他老师的记述文字中，略窥一二。如咸丰十一年四月即担任载淳老师的李鸿藻，他就说过皇子"资性平常，亦不乐攻苦"。又说有一次因督课甚严，载淳想要请假入内逃课，老师不允，小皇子就把书本怒掷于地，表示抗议。李师傅为了维护师道尊严，不稍让步，最后载淳才勉强将书拾起。翁同龢自同治四年末加入老师行列之后，他在日记里经常提到这位皇帝学生，负面的文字不少，例如说"读甚倦，仍如去年也"、"看折时精神极散，虽竭力鼓舞，终倦于思索，奈何！"、"读生书犹可，余则倦不可支，且有嬉笑，……满（文）书极吃力。……讲折（讲解奏折之意）尤不着力，真无可如何也！"、"数日来，无精神时则倦，有精神时则嬉笑，难于着力，奈何！"、"文思极涩，初稿几无一字可留，……诗亦不佳。如此光景，奈何，奈何！"、"晨读极涩，总振不起，不过对付时刻而已，……毫无神采，且多嘻笑，真是无可如何！"、"嬉笑意气皆全，功课如此，至难着手"、"神思不属，每讲论如未闻"等等，可见同治帝读书时没精打采、喜欢嬉笑、无法专心、敷衍了事，作文很糟，更谈不上写诗，使得老师们充满了无力感，暗暗叫苦不迭！清末名人赵烈文还在同治六年六月二十日的日记中写道："是日闻竹庄（湘军名将吴坤修）言：今上聪慧而不喜读。一日，与师傅执拗，师傅无可如何，涕下以谏，时御书适读至'君子不器'，上以手掩'器'下二'口'，招之曰：'师傅看此句何解？'盖以为'君子不哭'也。其敏如此。又读'曰若稽古帝尧，曰若稽古帝舜'。'帝'字皆读'屁'字。"当皇帝了还如此顽皮，真非可造之材。慈禧在这方面对儿子的高度期望，当然不能达成了。

　　平心而论，载淳年纪不大，六岁就开始学习满蒙汉三种语文，接受高深儒家学术经典的教育，并参与骑射等武艺的训练，实在压力不小。何况当时他已登基做了皇帝，每天须摸黑早起到养心殿听政，召见军机大臣、内阁阁员并引见官员等等，尽管他只是两宫垂帘前的傀儡，但还得端正地坐着，体力的负荷实在不轻，对一个贪玩的儿童来说，不"倦"也很难的。长此以往，自然视读书习艺为畏途。而且他又不如康熙帝那样地有天赋异禀，或者可以说他根本不是再造中兴的明君材料，慈禧望子成龙，心愿最后还是落空了。再说慈禧栽培载淳之所以失败，她自己也应该负很大的责任，这事容在下面一节再谈吧！

二十二　望子成龙？

二十三
权位至上

同治帝没有能成为明君，实在使慈禧有恨铁不成钢的痛苦。其实她并未付出应付的母爱，怎能享受母爱成功的喜悦呢？自从她发迹以后，就从来没有像一个自然女人那样有着想生儿育女的心情。她是为自己政治地位与前途而拼命设法生子的，所以在载淳出世之后，她的时间与精力都是花费在以下的这些事务上的：

第一，忙于得宠。从入宫以后，她了解得皇帝专宠是很重要的，她的工作显然做得很好，她怀了胎，生了龙子，宫中地位也由贵人升嫔，再由嫔升成妃，可谓连升三级。生了载淳以后，她怕其他后妃也诞育龙种，因此她还得专心地在争宠、固宠上下工夫，当然就谈不上对儿子的母爱了。加上清宫里皇子由别人抚养的特殊制度，慈禧与载淳的关系不如一般亲生母子那样亲密是显然的。

第二，忙于斗争。慈禧生下龙子，她又粗通汉文，在咸丰末年她就介入宫中与朝廷的斗争。不谈她与皇后（慈安）、丽嫔等人的后宫争宠，在朝廷上她与载垣、肃顺、端华等人的明争暗斗早就发生了。咸丰帝死后，又发动辛酉政变，消灭了八大臣的势力，这是一场惨烈的、你死我活的大斗争。接着又安排垂帘听政，设计打压恭亲王奕䜣，件件都是脑力与体力的拼战，不专心投入是不会成功的。她胜任了政治斗争大事，当然不大可能又是位称职的好母亲。

第三，忙于权位。慈禧为了维护她的垂帘听政地位，打击异己固然是必要手段。可是慈安仍在，恭王也还有他的军政特权，而自己的皇帝儿子又不成器，学业不长进，到十六岁时看大臣的奏章仍然"读折不成句"，别说成为博学睿智的英主，就是当个一般的皇帝，显然也不能胜任。慈禧已执掌清廷大权十来年了，尝到了掌握皇权的美好滋味，喜爱上了驾驭权力的胜利快感，让她轻易放弃是很难的，即使是把大位让给自己的亲生儿子。且载淳脾气倔强，又有叛逆性，与慈安的关系远比生母还好，这使慈禧格外伤心，也把儿子看成了假想的"异己"，皇权怎么能随便交给他呢？权力的诱惑有时是甚过亲情的！

由于以上这些客观的条件以及慈禧个人的权力欲望，她对载淳的教育实在关心得不够，最多对弘德殿的师傅们说些"设法劝讲，不可再耽搁"一类的空话，而没有想出治本的方法。也许慈禧还有更可怕的想法，载淳既有不成材的借口，她就可以多得到一些垂帘的岁月，何乐不为呢？

另有一些更离奇的说法，可能也与慈禧不愿早日交棒给同治帝有关的。《清稗类钞》中记："穆宗（指同治帝）为孝钦后（指慈禧）所出，世皆知之。或曰：实文宗（指咸丰帝）后宫某氏产，时孝钦无子，乃育之，潜使人酖其母，而语文宗以产子月余矣。文宗闻之大喜，因命名曰载淳，封孝钦为贵妃。"这是说载淳根本不是慈禧亲生，而是后宫某氏所生的，后来慈禧又毒害这位宫女把皇子占为己有。载淳既不是慈禧所生，当然不能得到慈禧的母爱，皇位该不该交给他还何必要问呢？

还有《慈禧外传》一书又提出另一种说法：慈禧当时生的是个女儿，不是龙子。总管太监安得海得讯之后，便勾结老太监汪昌，买通盲人稳婆刘姥姥，从宫外民间偷偷抱来一个男婴掉包，这男婴就是日后的同治帝。这幕以凤换龙的戏剧是得慈禧专宠的太监头子安得海一手导演的，咸丰帝不知道，慈禧也被瞒了，到后来才了解真相。慈禧迟迟不让同治帝亲政也可能与此有关。

以上两种同治帝非慈禧亲生之说当然只是传说，不是真实的史事。因为北京一档馆现在存有很多宫中档案，包括慈禧从怀孕到生产的御医诊断资料，太监报告的"转胎"、"分娩"，以及小皇子以"福寿丹"开口的处方等等，这些在本书前面已作叙述了，这里不再赘举。总之，同治帝是其他后宫人所生与抱自宫外民间之说，应该是小说家言而已，于史无据。

然而，慈禧自入宫之后，嗜权位如命是众人皆知的，也是大家公认的。不管是肃顺等"三奸"、八大臣，还是她的小叔子奕訢，凡是与她争权位的，或者阻碍她控制权位的，她都不能让他们存在，必对他们施以无情的打击。同治帝长大后对她叛逆，又不学无术，行为不检，慈禧能不拖延他的大婚庆典，能不阻挡他早日亲政吗？

二十四 同治大婚与亲政

满洲人有早婚的习俗，当皇帝的更不能例外，因为皇位不能没有继承人。以康熙帝为例，他也是年幼时登基的，康熙四年九月他就禀照祖母慈谕，举行大婚典礼，当时他才十二岁。大婚之后算是成人了，所以他在两年之后，即康熙六年七月"躬亲大政"，就是自己亲政，不再由辅政大臣们管控朝政。同治帝在咸丰十一年七月继承大统，当年虚岁六岁，经过两宫太后十年的垂帘听政，小皇帝已进入青少年期了，慈禧虽恋栈手中的权力，但传统制度是无情的，现实舆论也是无情的，她不能不考虑儿子的婚事与亲政问题了。

皇帝大婚最重要的是选个好皇后，这件事慈禧当然很关注。可是同治帝却"叛逆"生母，反而跟慈安站在一边。慈禧看上了刑部员外郎凤秀家的女儿富察氏，这位闺女十四岁，比同治帝小三岁，家庭背景很好，祖先世代出将入相，属正黄旗满洲，是满洲"八大家"之一。可是慈安与同治帝本人喜欢一位蒙古状元崇绮家的女儿阿鲁特氏。据说这位女子"美而有德"、"雍容端雅"，自幼即知书达礼，文才出众。阿鲁特氏曾与同治帝在宫内谈论过中国唐诗，她竟能背诵如流，充分表现她的文学素养极佳，这对不爱读书的同治帝来说，可能就因此而爱慕了她。

慈禧对选后之事相当不满，但也无可如何，只得依从慈安与同治帝的意见。同治十一年二月初三日，两宫太后发布懿旨，选翰林院侍讲崇绮之女阿鲁特氏为皇后，刑部江西司员外郎凤秀之女富察氏为慧妃，知府崇龄之女赫舍里氏为瑜嫔，前任副都统赛尚阿之女阿鲁特氏为珣嫔等等，并决定在同年九月十五日举行与皇后阿鲁特氏的大婚典礼。

载淳大婚之后，慈禧与皇后之间婆媳不和。一方面皇后阿鲁特氏不是慈禧的意属人选，而儿子载淳又不支持生母的建议，慈禧的失落与嫉妒是可想而知的，这些不满与怒恨也必然转嫁到皇后身上。另一方面阿鲁特氏不知逢迎、谄媚婆婆慈禧，在宫中经常特立独行，爽直个性有时变得孤傲，这更令慈禧不能忍受。野史中还记述过这样一个故事，说宫女们见到慈禧常摆脸色给皇后阿鲁特氏看，就劝皇后应学学慧妃富察氏等人一样，多作恭敬逢迎状以讨得皇太后欢心。阿鲁特氏却说：我是从大清门抬进来的皇后，不能随波逐流。这话传到慈禧耳中，更不是滋味，因为慈禧是被选秀女入宫的，没有资格享受乘凤舆从大清门入宫的隆重而尊贵的待遇。以慈禧争强好胜的性格来看，以她当了十来年独尊女主的地位来说，儿媳妇竟敢如此发言，确是她不能忍受的，当然对阿鲁特氏的怀恨更深了。加上同治帝在大婚之后，专宠皇后，对慈禧喜欢的慧妃富察氏非常冷漠，于是慈禧的怒火不能压制了，她采取了干预的行动，有人这样写道：因阿鲁特氏"体微丰，趋蹡弗便"，"乃故令奔走以劳苦之。复以其不娴仪节责让之。尤异者，谓帝行将亲政，国事频颐，宜节欲，勿时宿内寝。"同治帝本来就对慈禧有反感，因而做出反抗的行动，不但时常一人独住乾清宫，甚至找机会走出紫禁城，到不受宫廷戒律管辖的民间去寻找冒险和刺激了。

载淳的贪玩胡闹从入学读书时就出名了。同治元年五月，前太常寺卿李棠阶已经奏请"于师傅匡弼之余，预杜左右近习之渐"。同治二年十月，祁寯藻、倭仁、李鸿藻等又奏请"黜浮靡以固圣德"。慈安、慈禧也为此下诏说："屏斥玩好、游观、兴作诸务，祁寯藻等其各朝夕纳诲，养成令德，以端治本而懋躬行。"同治四年六月，又有御史穆缉香阿奏："请慎选侍御仆从。"两宫随即"谕内务府稽查有便僻侧媚者，举实严惩"。同治八年六月，武英殿发生火灾，倭仁、徐桐、翁同龢等再奏请"勤修圣德，以弭灾变"。可见多年以来，同治帝的行为举止一直存在着问题，大臣们才提出这些建言。同治帝究竟有哪些行为上的偏差呢？说出来真教人可怕。《十叶野闻》这部书里说："时穆宗……与贝勒载澄尤善，二人皆好着黑衣，倡（娼）寮、酒馆暨摊肆之有女子者，遍游之。"载澄不是别人，他是恭亲王奕䜣的长子，生活也是放荡不羁的，经慈禧挑选为同治帝的"伴读"，结果变成引导同治帝到花街柳巷作冶游的"玩伴"了。

另外《清朝野史大观·清宫遗闻》中记："日者，有一内监见帝与王（庆祺）狎坐一榻，共低头阅一小册。太监伪为进茶者，逼视之，则秘戏图（指春宫图），即丰润县所售之工细者。两人阅之，津津有味，旁有人亦不觉。"王庆祺是世家子弟，"工度曲，擅诏媚之术，初直南书房，帝爱之，至以五品官加二品衔，毓庆宫（应是弘德殿）行走。宠冠同侪，无与伦比。"据说王庆祺还是一位"美丰仪"的俊男，小皇帝竟与他"同卧起"，当然更令人引起暧昧遐想了。

还有费行简（沃丘仲子）的《慈禧传信录》中又记："有奄（太监）杜之锡者，状若少女，帝幸之。之锡有姊，固金鱼池倡（娼）也，更引帝与之狎，由是溺于色，渐致忘返，两后弗知也。"同治帝在京城的这些败德下流行事，曾经被倭仁撞见于什刹海，被爱仁撞见于崇效寺，被广寿撞见于大宛试馆。最令人可笑的是皇叔奕䜣劝同治帝要谨慎行为，小皇帝大怒，痛斥奕䜣造谣，并要他提出证据。奕䜣无奈，最后表明是他儿子载澄向他说的，此言一出，小皇帝立即哑口无言，深深感到被人出卖的痛苦。总之，慈禧不让儿子早婚也好，大婚后干预他与皇后的恩爱亲昵也好，这对同治帝都是不重要的，因为他自有解决性生活的方法，而且他是乐此不疲的。

无论载淳的品行私德有多坏，无论慈禧贪恋权位的欲望有多强，皇帝大婚之后必须归政给他的，载淳终究能当上清朝入关后的第八代皇帝了。同治十二年正月二十五日，两宫太后降下懿旨，勉励载淳，要他"祗承家法，讲求用人行政，毋荒典学"；并要求廷臣及中外臣工"公忠尽职，宏济艰难"。载淳于次日正式亲政，也立即降谕，表示"恪遵慈训，敬天法祖，勤政爱民"。这一天，紫禁城里举行了隆重热闹的归政大典，北京城中充满着欢愉的气氛，各口岸的中国船只上也悬挂了龙旗，以示庆祝，只有慈禧感到退居幕后的空寂与落寞。

二十五
外使入觐

自从中国大门被西洋人敲开之后，外使驻京、使臣入觐皇帝一直就被提出来交涉。咸丰帝不惜以放弃上海关税等等利益换取外使不驻北京，在当时人心目中，夷夏之防仍然牢不可破，京城天子脚下，怎么能令外使留住？"夷性犬羊"怎么能觐见"天朝"大皇帝？咸丰帝被"犬羊"大军逼得北走热河，并在热河死去了，奕訢虽在北京与外国签约，使清朝苟活了下来，但外使觐见的事仍未解决。

辛酉政变之后，两宫回京了，同治帝也登上了皇位，外国使臣以朝贺小皇帝为由，要求觐见，奕訢等以两宫皇太后垂帘，见外国人不合国情为借口，多次推迟觐见。同治六年（公元1867年）九月，距离中英《天津条约》十年修约的期限只有两年了，奕訢建议慈禧下诏，要各省大吏，对觐见事各抒己见，以作为修约谈判时参考。奕訢当时的奏文中有一项说："昔韩昌黎《原道》曰，孔子之作《春秋》也，诸侯用夷礼则夷之，夷而进于中国则中国之。今夷并未进于中国，而必以中国之礼绳之，其势有所不能。若权其适中者而用之，未卜彼之能否听从，而本衙门亦不敢主持独创此议。第不许入觐，我实无辞，究应如何，惟希公同商酌。"文中所说的"衙门"是总理各国事务衙门,奕䜣凭多年交涉的经验知道,以传统的"中华仪节"如三跪九叩首等应用在外使入觐仪注上是不可能的,他只好求助大家,帮他出出主意了。

没有想到各省封疆大吏的想法不一,如左宗棠时任陕甘总督,他说:"窃思彼族以见其国主之礼入觐,在彼所争者,中外均敌,不甘以属国自居,非有他也,似不妨允其(指外使)所请。……此体限于呈递国书。"两江总督曾国藩则以康熙帝对待俄国与朝鲜使臣的不同,主张"既为敌国使臣,不必强以所难",具体仪节可"临时酌定"。他虽不如左宗棠那么爽直,但不赞成非行三跪九叩礼不可也是显然的。湖广总督李鸿章更是滑头,说:"不得已权其适中,将来或遇皇上升殿御门各大典,准(外使)在行仪御史侍班文武之列,亦可不拜不跪,随众俯仰,庶几内不失己,外不失人。"可见他根本没有针对主题发言,而说了一些敷衍话而已。倒是直隶总督官文表示跪拜之礼一定要遵行,还强调:"觐者,诸侯见天子之礼,所以考礼正刑一德,以尊于天子也。"总理船政大臣沈葆桢虽是推动洋务的先锋,但他也坚持行跪拜礼一事毫无通融余地,甚至还说:"接以温言,厚其赐予可也;废我典章不可也。"一定要让列强"洗心革面,就我范围","倘倔强犹昔,终为自大之夜郎,则天心人心所不容,安能逃涂山之显戮哉?"其他地方官员大多从儒家经典立论,反对改制。

同治十二年正月,载淳亲政了,英、法、美、俄、德五国公使联合照会总理衙门,要求觐见。由于太后垂帘、皇帝幼小这些理由全都不能用作借口了,奕䜣实在找不出新的推延办法,只好硬着头皮与外使谈判。起初大臣文祥与各国公使面谈时,仍坚持见皇帝必行跪拜礼。五公使则以狠话回复,说:"若失好外国,则内地之难,当心加倍!"简直是威胁清廷了。同治帝也曾命李鸿章妥议觐见之礼,李鸿章最后认为各国使臣觐见应宽其小节,示以大度。实际上是经过几个月的谈判,辩论数十次,面折口争不下数千言,外使不为所动,坚持不跪拜,而让退改三鞠躬为免冠五鞠躬礼。天朝的面子算是挽回了一点点，外使觐见势在必行了。

同年六月初五日是西洋人的礼拜日，外使们一齐来"礼拜"中国皇帝了。当天早晨五点半使臣们在"北堂"会合，六点正由清朝大臣崇厚引导前往皇城的福华门，在那里先受到文祥的接待，款以茶点。八点半，他们又被引领到一个行幄中，受到恭亲王奕䜣的接见。九点正，同治帝在紫光阁升上宝座，先单独接见唯一的特派大使日本的副岛种臣，然后各国全权公使一同进殿，按照各使节到达北京的日期为次序，先后代表各国政府致贺辞，并在同治帝面前呈递国书。同治帝则通过奕䜣向各国使臣表达对他们的国家元首的亲睦之意，联合觐见一共用了半个小时，可见行礼如仪、草草结束了。

这次外使觐见不单是清朝历史上的第一次，也是中国有史以来的第一次。清朝皇帝与不少官员根本是不愿举行这种觐见仪式的，因而他们在暗地里也做了一些手脚，如行礼安排在礼拜日这个拜神与不办公的日子。地点安排在紫光阁，这里原是接见藩属的殿堂。行礼由三鞠躬改成五鞠躬。在当时守旧的官员心中，认为这也是不同寻常了，"天朝"还是有了尊严与崇高的地位。

从外使觐见一事上看来，不论是慈禧、同治帝，或是奕䜣、文祥，他们的对外知识都是落后的，"贡使"的观念还深植在他们的脑海。晚清近代化的步伐，实在走得慢了一些。

二十六
重修圆明园

同治十二年正月二十六日（公元1873年2月23日），皇帝举行亲政大典，九月二十八日载淳就颁降了一道谕旨：

朕念两宫皇太后垂帘听政十一年以来，朝乾夕惕，倍极勤劳，励精以综万几，虚怀以纳舆论，圣德聪明，光被四表，遂致海宇升平之盛世。自本年正月二十六日，朕亲理朝政以来，无日不以感戴慈恩为念。朕尝观养心殿书籍之中，有世宗宪皇帝（即雍正帝）御制圆明园四十景诗集一部，因念及圆明园本为列祖列宗临幸驻跸听政之地，自御极以来，未奉两宫皇太后在园居住，于心实有未安，日以复回旧制为念。但现当库款支绌之时，若遽照旧修理，动用部储之款，诚恐不敷。朕再四思维，惟有将安佑宫供奉列圣圣容之所，及两宫皇太后所居之殿，并朕驻跸听政之处，择要兴修，其余游观之所，概不修复。即着王公以下京外大小官员量力报效捐修。着总管内务府大臣于收捐后，随时请奖。并着该大臣等核实办理，庶上可娱两宫皇太后之圣心，下可尽朕心之微忱也。特谕。

圆明园是康熙时代兴建的皇家园林，经雍正、乾隆、嘉庆、道光各朝增建维修，成为世界知名的"万园之园"，咸丰末年因英法联军攻打北京，城郊的圆明园遭到报复性的焚毁。同治帝亲政以后，想把毁坏园区中的重点名建筑"择要兴修"，供两宫太后赡养之所，并可作他自己办公之用。他也知道国家府库存银不多，无力支付工程费用，所以他要求王公与全国大小官员"量力报捐修"，共襄盛举。从以上谕旨，显然皇帝重修圆明园确实是为感戴两宫太后的慈恩，希望在她们离开垂帘听政生涯之后，有一个好的养老处所。同治帝的"欲尽孝思"是无可厚非的。

不过，他在亲政后半年多就紧急地降谕要重修圆明园可能还有其他动机存在。例如：

第一，慈禧听政了十多年，她对朝政事务关心似乎已经习惯了，她的独生子又是学业无成、性喜游乐，太后一时实在放心不下。因此她虽身居内宫，但对过问政治与关注皇帝的生活起居、读书进修等事，兴致不减，仍然像以往一样，时刻会对皇帝做叮咛指导。这令同治帝相当烦心。想摆脱慈禧，独揽皇权，过自在的生活必然是皇帝的一大心愿。重修圆明园正好让慈禧远离紫禁城，皇帝也就可以解放了。

第二，重修圆明园是一大工程，费用是相当可观的，经手的官员可以从中获得巨利，因而不少相关人士都怂恿同治帝修园。《春明梦录》中称："内务府之职，如衙门之有庶务，即俗所谓账房也。账房有折扣，有花账，已处处有弊，而内务府更有百倍于此者。"内务府为专门服务皇家的机关，对于修建园林当然极为欢迎，事实证明内务府郎中贵宝、文锡等系力劝同治帝大兴土木的人士。另外还有太监以及受皇帝宠幸的贵胄、官员为取悦龙心，或为中饱贪污也支持修园计划。

第三，同治帝自己也主张修园，因为他一直有一颗童稚而不懂事又不负责任的心，他贪玩好色、不喜学问、不重国事。修建园林正可以造成借口,好让他随时去"监工",乘便到娼寮、酒馆、摊肆狂欢作乐。据当时人记述,自同治十三年正月十九日修园工程正式开工之后,载淳几乎每个月都到工地视察,并借机游山玩水,通宵在外勾留,不回皇宫,可见修园也有他自己的目的。

当然朝廷里还有一些忠心正直的大臣,他们反对修园。早在同治七年秋天,慈禧自己就想修复圆明园了,经诸王大臣力阻,没有能实现。同治帝大婚之后,又提修园之事,大学士李鸿藻力劝皇帝"不宜以有用之财,置无用之地",而作罢。亲政以后,载淳以尽孝心为名再倡修园,在"以孝治天下"的当时,大臣们一时无法进谏,只有户部侍郎桂清以主管国家财务的官员身份,上奏力陈不可。同治帝大怒,严斥了桂清,并将他革职。同治十二年十月初一日,即皇帝颁降上引的谕旨之后第三天,御史沈淮也忍不住上疏,请皇帝暂缓修缮,但也遭到严厉的斥责,显然皇帝已横了心,一定要修园。十月初八日,内务府即动员了大量人力,将"天地一家春"、"正大光明殿"、"安佑宫"等处屋宇一千四百多间的断垣残基拆除清理了,大臣们见工程势在必行,大家也为迎合上意纷纷捐钱。没有想到的是奕䜣竟带头捐了工银二万两,特别引人注意,因而也招来另一位御史游百川的上书谏阻,同治帝当然不快,立即痛斥他并撤除他的职务,而且再降谕旨,说游百川"阻朕尽孝之心","天良安在",该当革职,"为满汉各御史所警戒,俟后再有奏请暂缓者,朕自有惩办"。

同治帝如此疯狂地要重修圆明园,慈禧为什么不置一辞呢?原来她根本就是幕后的主持人之一。前面已经提到在同治七年她还垂帘听政时就有修园之意了,后经王公大臣出面力阻才作罢。同治帝亲政后再提修园之事,她不但不予反对,反而帮忙设计工程。在现存的内务府样式房雷氏《旨意档》中就有"同治十二年十一月……十九日,天地一家春四卷殿装修样,并各座纸片画样,均留中,皇太后自画,再听旨意。同年十二月二十二日,天地一家春明间西缝碧纱橱单扇大样,皇太后亲画,瓶式如意上梅花要迭落散枝,下绦环人物,另画呈览"等等文字记录,可见慈禧是参与并决定若干工程细节的人。"天下一家春"是咸丰帝在位时慈禧的住所，对她而言自然有一份特殊的感情，这是可以理解的。李慈铭在《越缦堂日记》里也说："闻修理园籞，出西朝之意。""西朝"当然是慈禧了。

同治十三年三月至五月间，皇帝经常以看视园工为名，"盘桓整日，不以为倦"，有时还驻跸京城之外，这样当然就影响了政务。醇亲王奕譞等人因而联名上奏，请求皇帝等工程告竣后再"安舆临幸"，根本不敢提停工的问题。即使如此，同治帝仍不予理睬，照旧去园中"监工"。后来师傅李鸿藻再上疏劝，皇帝哪管什么学业荒疏、政务松懈，他对游乐与工程的兴趣比读书理政要高，老学究的话是听不进的。

六月初有翰林院官员李文田上疏，指明"此（指修园）皆内务府诸臣及左右宵人，荧惑圣听，导皇上以朘削穷民为其自利之计"，并且列陈今有三大害：民穷已极、伏莽遍天下、国家要害尽为西夷盘踞。请求皇帝考虑停工。皇帝正玩到兴头上呢，忠言是逆耳的。

正在此时，李光昭案发生了，这对同治帝与修建园林都有严重的打击。李光昭是皇帝委以重任，采购木料的专使，他以五万四千二百五十元洋银向英、法商人买了修园需用的"木植"，结果他向内务府报价三十万两，此事后被李鸿章等查出，李光昭处斩，同治帝也颜面无光，气势大减。

七月中，奕䜣、奕譞等王公大臣等联合上奏，明白指陈同治帝亲政甫一年，"渐有懈弛情形，推原其故，总由视朝太晏、工作太烦、谏诤建白未蒙讨论施行、度支告匮，犹复传用不已"，其中"工作太烦"当然是指修园一事。奕䜣等也语气严重地说，"懈弛"的结果会令"鲠直者志气沮丧，庸懦者尸位保荣，颓靡之风日甚一日"，希望同治帝能够"畏天命、遵祖制、慎言动、纳谏章、勤学问、重库款"。奕䜣不但照一般程序进呈了奏章，另外为防止同治帝根本不看奏章，甚至将奏章丢去，因此安排人当面将全文诵读一遍给皇帝听。同治帝拿起折子草草看了几行字，便口气很冲地对奕䜣等说："我停工何如？尔等尚有何哓舌？"奕䜣连忙表示不只停工一事，所奏尚有戒微行、远宦寺、绝小人、警晏朝、开言路、惩夷患、去玩好等等，乃逐条详加讲述，皇帝一下子被惹恼了，竟气急败坏地说："此位让尔何如？"叔侄二人针锋相对的情景，可谓跃然纸上。后来奕䜣显然也动了肝火，一一指出皇帝"微行"的不当，并表明"臣子载澄"是提供消息的人。

同治帝把此次会面视为奇耻大辱，更痛恨奕䜣赞助在前，反对在后，言行不一。七月二十九日晨，乃以"恭亲王无人臣礼，当重处"为由，尽革其所兼军机大臣及一切差使，降为不入八分辅国公，交宗人府严议。午后福建方面有急奏至，皇帝只好"加恩"恢复奕䜣的军机大臣职务，但他似乎余怒未消，又在第二天颁布上谕，削去奕䜣世袭罔替的亲王爵位，降为郡王，而罪名是"每逢召对恭亲王时，语言之间，诸多失仪"。同时革去载澄贝勒郡王衔，作为报复。八月初一日，同治帝又下令革惇亲王奕誴、醇亲王奕譞、御前大臣伯彦讷谟祜、景寿、奕劻、军机大臣文祥、宝鋆、沈桂芬、李鸿藻等十人的官职，认为他们"朋比谋为不轨"。朝廷重臣几乎全被革职了，慈禧这才担心朝政不能正常运作，终于出面干涉，偕慈安急赴弘德殿。据吴汝纶《桐城吴先生日记》记："两宫垂涕于上，皇上长跪于下，（太后）谓十年已来，无恭邸何以有今日？皇上少未更事，昨谕着即撤销云云。"由于慈禧如此诉说恭王的有功有恩，同治帝不得不收回成命，让十大臣官复原职，并赏还恭王父子一切爵秩。

政治风暴化解了，那么圆明园呢？当奕䜣、奕譞等王公大臣面奏请求停工时，同治帝仍坚持立场，"惟园工一事，未能遽止，为承太后欢，故不敢自擅，允为转奏也"。但是到了七月二十九日，方从南方回京的翁同龢向皇帝反映舆情，说江南民间议论汹汹，有许多不利的传言，人心涣散。同治帝迫于现实，考虑中止修园计划，最后以酌修三海（南海、中海、北海）作为交换条件，与大臣达成了协议，即日降谕停工。这出喧腾近一年的闹剧，就此落幕了。视国事如儿戏的同治帝当然更被日后史家判定了其历史地位。

　　同治帝亲政一年中,他母亲慈禧不愿举行的外使觐见礼,在大环境的改变下,他只能接受了。重修圆明园是他母亲很盼望实现的事,他却因手法拙劣、不善设计而以失败收场。这都是慈禧心头重新燃起执政掌权的欲望的一些原因吧!

二十七
同治之死

平心而论，重修圆明园一事，载淳确实是为尽孝心好让慈禧归政后有个安适所在生活的，慈禧也热心赞成此事。然而修园计划受阻、引起朝廷大政争时，生母慈禧竟以事不关己、一心为国的姿态出现，把一切责任都推给了儿子，这使载淳感到十分悲伤，心情郁抑与痛苦是可以想见的。

从同治十三年七月二十九日下诏停止所有圆明园一切工程，到同年十月二十一日皇帝驾幸西苑，其间历时不到三个月，载淳就病倒了。起初只是着凉，身体微恙，十天后病情加重，延至十二月初五日，载淳终于敌不过病魔，与世长辞了。

同治帝死时年仅十九岁，一个年轻的人怎么会在三十六天的病痛折磨后就离开人世呢？由于载淳生活上不知检点、慈禧的权力欲过强、清末的党争激烈、满汉的关系不和等种种因素，从同治帝亡后，一直到今天，大家对这位颇多争议的君主的死因解读各异，有人说是他死于天花，也有人说是他死于梅毒，说者似乎都有理由，但都不能令人完全信服，"同治之死"乃与"太后下嫁"、"顺治出家"、"雍正继统"并列为清朝的四大疑案。

在晚清的公私书档中就存在同治帝死于天花之说。清朝当时宫廷里有一批档案，乃御医为载淳看病、用药以及诊断的记录，称为《万岁爷天花喜进药用药底簿》，现存北京一档馆。其中登录了同治帝患病三十六天之间的脉案、处方以及服用一百零六帖药材的情况，可谓是有关载淳最后时日的完整记事。另外，帝师翁同龢的日记中也每天写下了不少病状以及用药等实况见闻，也是非常具有价值的史料。20世纪70年代，一档馆故馆长徐艺圃与北京中医学界共同利用原始档案与翁氏日记等资料，研究出一个结论，写成《同治帝之死》一文，他认为："载淳之死于天花，是确凿无疑的。……这份系统而详细的脉案，以铁的事实证明，载淳绝非是因患梅毒而死的。"

细心的隋丽娟教授，在她的《说慈禧》一书中，提到同治十三年十月三十日后据清宫档案与翁氏日记可以看出皇帝患病症状是发烧出疹，起先是"皮肤发出疹形未透"，继而"疹形透出，挟杂瘟痘"，然后"头面周身疹中挟杂之痘颗粒透出"，由此可判定同治帝是得了天花。再就当时宫中上下从事的活动来看，如慈禧、慈安到景山寿皇殿祭祀，祈求祖先保佑载淳。宫中各处铺红地毯、贴红对联，营造一片喜气，希望痘神娘娘早日将撒下的天花收回。又在大清门外，用纸扎的龙船盛着金银玉帛，举火焚烧，使痘神娘娘早日升天，这一切显然与同治帝得天花有关。不过，十一月二十日以后，痘痂渐落，载淳的病情却恶化了，身上出现了毒疮，而且毒疮在腰部、臀部溃烂如洞，流脓不断，疼痛不止，脸颊也变得肿硬，牙龈发黑，口中喷出臭气。其后病入膏肓，药石罔效，到十二月初五日酉刻（五点左右），皇帝驾崩了。至于不少人以为同治帝死于梅毒的说法，隋教授说可能性不太大，因为梅毒感染十分缓慢，需经过三个发展期，达到全身溃烂致死，至少要五年或更长的时间。载淳显然没有那么长的病史，又没有确切的史料证实，梅毒致死说应该再研究才好。隋教授又从清宫医疗档案的记事，推论同治帝的病状是天花，而不是梅毒的"斑疹大小如蚕豆，形状为圆形或略带不规则形"。她认为真正的死因应该是"同治在天花的后期不幸皮肤感染，……这种并发性的皮肤感染愈来愈重，使病人逐渐丧失了抵抗力，最后，皮肤感染发展到发生'走马牙疳'（即坏疽性口炎）的地步"，导致多重器官衰竭。至于清宫原始档案与《翁同龢日记》记事大体相同会不会是日后窜改的缘故，她相信不可能。总之，"同治帝死于天花更接近历史的真实"是她的结论。

另外，大陆学者贾熟村虽然提到"同治帝的死因，有不少人认为'实则为淫创耳。太后不知恶疾，强以天花治之，愈治愈重'。"但是他仍相信《万岁爷进药用药底簿》与现代中医专家的鉴定，"同治帝系患天花而死"的。

认定同治帝死于梅毒的说法早就有人提到了。如《十叶野闻》一书中说："时穆宗……与贝勒载澄尤善，二人皆好着黑衣，倡（娼）寮、酒馆暨摊肆之有女子者，遍游之。后忽病发，实染梅毒，故死时头发尽落也。"《清朝野史大观·清宫遗闻》中也记："慈禧又强其爱所不爱之妃，帝遂于家庭无乐趣矣。乃出而纵淫，又不敢至外城著名之妓寮，恐为臣下所睹，遂专觅内城之私卖淫者取乐焉。……久之毒发，始犹不觉，继而见于面，盎于背，传太医院治之。太医院一见大惊，知为淫毒，而不敢言，反请命慈禧，是何病症。慈禧传旨曰：'恐天花耳。'遂以治痘药治之，不效。帝躁怒，骂曰：'我非患天花，何得以天花治！'太医奏曰：'太后命也。'帝乃不言，恨恨而已。将死之前数日，下部溃烂，臭不可闻，至洞见腰肾而死。"

大陆学者徐彻等人相信以上二说应该有其可信性，同时还举出二事作为佐证，一是翰林院侍讲王庆祺在同治帝死后九天就被御史陈彝上奏参劾，说他"素非立品自爱之人，行止之间，颇多物议"，尤其同治十二年他到河南去任考官时，"撤棘（发榜）之后，公然微服冶游"，引起不少"街谈巷议"。王庆祺是被人指为引导皇帝走上邪淫之途的败坏官员之一，甚至他还是与皇帝发生不正常同性恋关系的人。慈禧接到陈彝参奏之后，随即革了王庆祺的职务，并且下令"永不叙用，以肃官方"。同治帝如果不是因梅毒致死，慈禧何以会严惩王庆祺呢？另一事例是同治帝死后二十天，慈禧又先后将太监总管张得喜与其他太监多人充军到黑龙江为奴，革去内务府大臣文锡、贵宝二人职务，这些人也都是与皇帝冶游事有关的。

另外，彼时为同治帝治病的御医之一李德立，在他的脉案等资料中已经隐约地透露一些非天花症状的消息。其曾孙李镇在读了徐艺圃与北京中医学界合作所写的论文《同治帝之死》后，也发表一篇题为《同治究竟死于何病》的文章，文中强调祖父（也就是李德立的长公子）曾经在1938年告诉他"同治确是死于梅毒"，并说："同治梅毒溃烂后，流脓不止，奇臭难闻，曾祖父（李德立）每日必须亲自为他清洗敷药，一个多月来受到强烈恶臭刺激，从此失去了嗅觉。"李镇的堂兄弟李志绥，曾经是毛泽东的私人医生，他也说过他家一直口传同治帝死于梅毒。李氏兄弟"异口同声"说梅毒致死，而且消息来自给同治帝看病的祖先，此乃亲身经历，虽系口述资料，似乎应有参考的价值。

徐彻除举出同治死因有梅毒、天花二说外，他还说有人又曾提出疥疮说与梅毒加天花说，不过他自己"认为同治帝应是死于梅毒"。

在台湾也有专家们对同治帝之死作过深入的研究。皮国立教授著有《对同治皇帝死因的一些商榷》一文，谈到满洲人传统观念中视出痘（天花）之可怕甚于猛兽毒蛇，为什么十一月初八日同治帝"天花九朝"时，"两宫太后俱在御榻上持烛令诸臣上前瞻仰"呢？这是违反常情的。而且御医用药，凉热杂投，毫无章法可言，医案是怎么写出来的，可信度有多高，不无疑点。不过，怀疑归怀疑，皮氏在文章的结论中却说："关于同治帝之死因一案，就现有资料来看，我认为还是持'天花说'较为妥当。……今天我们只能说同治皇帝'可能'死于梅毒，而很难去否定同治皇帝死于天花的观察角度与论述。"

倒是历史小说名家高阳先生早年在《慈禧全传·玉座珠帘》中认为同治帝死于梅毒加天花，不同意单纯的天花之说。近年丁燕石先生在台北远流出版公司刊行的《这一朝，兴也太后　亡也太后（亡·慈禧）》一书中也断言："同治皇帝之死，起因天花，终于梅毒！"他首先整理史料，把《万岁爷天花喜进药用药底簿》、《翁同龢日记》等逐日作了对比，可以看出皇帝的病从证实感染天花到"症界于险"、"症势重险"、"诸症皆减"、"诸症皆退"、"顶陷渐起，已有放白之势"、"浆汁已行"，显然天花已近尾声，只有"肾虚阴亏"、"咽痛音哑、呛欬堵胀、腰疼腿酸"等症"未能骤减"，像似病后需要补养恢复的情形，而在此时翁氏日记中写道：慈禧突然找王公大臣们商议皇帝病中"一切章奏及必应请旨之事，拟请两宫太后权时训谕"，慈禧又想掌权理政的态势，已经昭然若揭。然而从十一月十九日起，皇帝的病势大有转变。起先是"湿毒乘虚流聚，腰间红肿溃破，浸流脓水，腿痛筋挛"，后来又发现"臀肉左右溃孔二处流汁"，"外口小而内溃大"。再过几天，"腰臀疮口微大，浆汁未减，……每拭脓则欲溺。"到十二月初，竟变得"面颊硬肿，牙龈黑糜，口臭"，"上唇连左腮颊紫黑硬肿，势欲作脓"，翁同龢记为有形成"走马牙疳"之势。加以"大便频数，所下粘臭黑红糟粕之物"，"小便短赤"，这已是大小便都出血，病情已经是严重而可怕了。延至十二月初五日下午，"皇上六脉散微无根"，不久即"六脉已绝"，灌急救汤药"生脉饮"也不能下咽，终于酉时去世宾天了。

　　从以上病情的变化，丁先生以为由"痘疹"、"痘痈"进而为"痈毒"，可能是出现了"并发症"，只是当时御医也好、大臣也好，甚至慈安、慈禧两位太后也好，大家都不愿提到"梅毒"或"杨梅大疮"这个不名誉、不光彩的病名，遂以"天花"是同治帝的大病了。丁先生还请教了台北的著名中医朱桦，朱大夫说："痘疹之疹其形如豆，发浆时形如繁星，遍布周身；杨梅之溃口，形如杨梅，色红晕，疮口大者如桃李，小者亦如桂圆，脓汁腥臭量多，呈重点发作。"由此可见，同治帝先因天花病倒，其后引起并发梅毒，躯体局部溃烂而死亡。

　　以上是台海两岸学者专家中部分人的看法，各有见地。不过，毕竟没有绝对可靠的资料，证明哪一说法是历史实情，希望宫中档案里能有更直接的文字出现，为大家廓清这一百多年前疑案的谜团。

  我个人在此附笔谈一下一己的浅见：人的死因除意外猝死之外，一般病死、老死多与以下的一些原因有关：一是身体的遗传基因。同治帝的父亲咸丰帝活了三十一岁，算是短命，同治帝想得到高寿似乎不容易。二是体能的训练。同治帝对这方面显然不讲究。本来在课业上安排了骑马、射箭等强化体力的运动，但这位皇帝不喜上课。加上每天要闷坐在养心殿里"听政"，以及参加其他政府、宫廷活动等等，同治帝在长大成人的过程中，体能训练是不够理想的。三是生活的正常。同治帝的日常饮食，目前没有完整资料，因而我们不能确知。不过，他的不检点冶游行为，应该是事实，这对身体的健康影响很大，甚至染上"淫毒"大病也并非不可能。四是当年医学知识、医疗设备、医药用品都是与今天不能相比的，重病的医治当然比较困难。同治帝先天的遗传基因不好，后天的体能训练又少，加上冶游损害身体健康，他的免疫力必然很差，加上医疗上的不足，在他多日患病体力耗损之后，任何并发症都可能夺去他的生命，梅毒当然更是有并发的可能。

二十八
谈孝哲皇后之死

孝哲皇后是谁？孝哲皇后就是同治帝的嫡后阿鲁特氏，载淳大婚时的首选。同治十三年十二月初五日皇帝驾崩，二十多天后新君载湉即位，改元光绪，两宫太后颁降懿旨，封阿鲁特氏为嘉顺皇后。不过这位被新封的皇后在光绪元年二月二十日（公元1875年3月27日），也就是她的夫君同治帝死亡不到百日时，突然传出辞世的消息。宣统年间又给她加谥"孝哲"二字。由于同治帝的谥号是"毅"字，所以有的史书中也称阿鲁特氏为孝哲嘉顺毅皇后。

阿鲁特氏新寡七十五天，何以就突然死亡呢？清代官方书档里都没有记载。不过，因为她与慈禧的关系不好，日后便产生了不少的传说。例如《清朝野史大观·清宫遗闻》里就有如下的一些说法：

> 穆宗（指同治帝）之丧未百日，孝哲毅皇后亦薨，有谓毅皇后自伤侍疾之无状，愿一死以殉者，故当时曾降谕旨曰：上年十二月，痛经大行皇帝龙驭上宾，毁伤过甚，遂抱沉疴，以表其烈。或曰：是特掩饰天下耳目之言，非实录也。盖穆宗疾笃时，

慈禧后已训责毅皇后备至，及上崩，德宗（指光绪帝）立，毅皇后以与所草之遗诏不符，剧悲痛，事为那拉氏（指慈禧）所知，亟召至，遽批其颊曰："尔既害吾子，尚思作皇太后耶？"毅皇后跪于地，泣不止，久之，始还宫，益痛不欲生，旦夕悲啼，目尽肿。一日崇绮（指皇后生父）入视，知其状，奏闻。慈禧后曰："皇后如此悲痛，即可随大行皇帝去罢。"崇绮出，未移晷，而毅皇后忽薨。……

同书又有一段记事是这样写的：

……及帝弥留之际，后不待召，哭而往，问有遗旨否，且手为拭脓血，帝力疾书一纸与之。尚未阅竟，忽慈禧至，见后悲惨，手拭帝秽，大骂曰："妖婢，此时尔犹狐媚，必死尔夫耶？皇帝与尔何物？可与我。"后不敢匿。慈禧阅迄，冷笑曰："尔竟敢如此大胆。"立焚之。或曰言继续事也。顺手批其颊无数。慈禧手戴金指甲，致后面血痕缕缕，帝为缓颊，慈禧乃斥令退，不使之送终也。须臾帝崩，故后以片纸请命于父崇绮，父批一"死"字，殉节之志遂决。慈禧之残忍淫凶无人理如此。

以上记事大概说明：（一）阿鲁特氏因丧夫而哀痛过甚得病死亡之事"非实录也"。（二）慈禧对这位媳妇动辄打骂，甚至打到阿鲁特氏脸上"血痕缕缕"。（三）光绪帝继承大位不是同治帝的心愿，阿鲁特氏知其事，乃为慈禧所不容。（四）阿鲁特氏以身殉夫，是慈禧逼死她的。慈禧为什么一定要让阿鲁特氏死呢？除了上列文中的遗诏问题之外，还有以下的一些原因。例如：

第一，在同治十一年皇帝大婚选后时，慈禧本来挑中了刑部江西司员外郎凤秀的女儿富察氏，但是同治帝却站在嫡母慈安一边，主张选蒙古状元出身、后任职尚书的崇绮家的女儿阿鲁特氏。选后当然以皇帝之意为主，慈禧无法专权，心中颇为不快，种下日后婆媳不和的根源。

第二，阿鲁特氏从小受过良好教育，知书达礼，文才极佳，据说她对唐诗能背诵如流，又雍容端雅，使慈禧由嫉生恨。《清朝野史大观·清宫遗闻》里又记："慈禧好观剧，毅皇后每陪侍，见演淫秽戏剧，则回首面壁不欲观。慈禧累谕之，不从，已恨之，谓有意形己之短。"阿鲁特氏表现自己高尚，当然就愈显得婆婆慈禧的俗气下流了，要慈禧不恨她也难。

第三，婆媳间有了如此的不和，就有宫女好意规劝阿鲁特氏，要她对婆婆慈禧多逢迎，别耍个性，"否则恐有不利"。阿鲁特氏回答："敬则可，昵则不可。我乃奉天地祖宗之命，由大清门迎入者，非轻易能动摇也。"有人把这些话传到慈禧耳中，难怪慈禧"更切齿痛恨"她了。

第四，同治帝既然喜欢阿鲁特氏，他们婚后的生活必然甜蜜愉快，皇帝显然对其他妃子冷落了。慈禧看不惯此事，于是下令叫同治帝不该专溺皇后一人，应该与她属意的慧妃富察氏多培养感情，可以说直接干预了同治帝的新婚生活。叛逆的皇帝心生不满，促使他更远离慧妃，甚至独自搬到乾清宫过夜。慈禧当然大怒，把这笔账也一并算到阿鲁特氏的头上。

如果上面的传闻都是事实，单纯耿直的阿鲁特氏与心狠手辣的慈禧必将发生婆媳大战。阿鲁特氏当然不是对手！慈禧终于对皇后的父亲崇绮说出："皇后如此悲痛，即可随大行皇帝去罢。"这些文字就相当于阿鲁特氏的死刑判决书。

阿鲁特氏死后不久，有位御史竟出面为她说话，请求清廷表彰其节义，《清史稿·后妃列传》里记：

（光绪）二年五月，御史潘敦俨因岁旱上言，请更定谥号，谓："后（指阿鲁特氏）崩在穆宗升遐百日内，道路传闻，或称伤悲致疾，或云绝粒殒生，奇节不彰，何以慰在天之灵？何以副兆民之望？"

这位潘御史也真大胆，如此行文，岂不是在攻击慈禧？当时慈禧已再度垂帘，重掌大权，于是"太后以其言无据，斥为谬妄，夺官"。可见"道路传闻"阿鲁特氏并非善终，而是因悲成病致死，或是绝食而亡。同书《潘敦俨传》则说阿鲁特氏"仰药殉"。

潘御史的话应该不是空穴来风、信口捏脓，当时的著名人士也有谈到阿鲁特氏意图寻短，是死于自杀的，如李慈铭《越缦堂日记》称："上崩，后即服金屑，欲自杀以殉，救之而解。"同治帝的老师留下资料编成的《李鸿藻先生年谱》则记："其后之崩，盖绝食也。"

也有人以为阿鲁特氏之死与慈禧坚决不为同治帝立嗣有关，因为同治帝如有后嗣继承为君，则阿鲁特氏是名正言顺的皇太后，慈禧则变为太皇太后了。新皇帝如因年幼而实行"垂帘听政"，则坐在黄色纱屏之后的应属阿鲁特氏，绝不能再是慈禧。政治斗争向来是残酷的事，慈禧能不逼死阿鲁特氏吗!？

总之，阿鲁特氏是位悲剧性人物，她的死应该是与慈禧有关的。

二十九
兄终弟及

　　清朝皇位继承制度可以从两个方面去看：一方面是父死子继制。从清太祖努尔哈齐一直到同治帝载淳，都是父子相承的。另一方面是储位由谁指定，或者说是如何指定继承人。在康熙以前是实行"世选"制，在部族首脑或国家统治者去世后，由亲贵王公与元老重臣一同开会推举，清太宗皇太极、顺治帝福临、康熙帝玄烨都是这样成为皇帝的。康熙执政之后，仿效汉人的"世袭"制度，以嫡长子为当然的继承人，这是农耕社会的传统，比游牧社会"世选"制要安定不易发生争执。可是当时守旧势力仍很大，以致造成康熙末年废储的不幸事件，直到雍正继统，争继余波依然存在，皇家骨肉相残了很多年才告平息。雍正帝是康熙晚年争夺皇位的过来人，所以他发明了一套"储位密建法"，这方法是借用他父亲康熙帝的部分设计而发明的，就是在皇帝活着的时候，先秘密地指定一个继统人选，但这位继承人不限于嫡长子，而是父皇认为是最合适而有才有德的人。这种密建储位的方法可以说兼采了"世袭"与"世选"之长，使国家权力能在和平安定中传承下去。从乾隆到道光二代，清朝都是用"储位密建法"决定皇位继承的。咸丰帝只生了载淳一个儿子，当然也不需要"密建"，载淳就是当然继承人。可是同治帝没有子嗣，他死后皇位继承发生问题了，谁来继承呢？如何选定继承人呢？

可能是自清末以来，大家对慈禧印象不好，小则看她是个自私守旧的妇人，大则说她是贪权误国的祸首，因此在同治帝死后皇位继承的大事件上，有关她的传说也最多。

《清朝野史大观·清宫遗闻》中有这么一种说法：

> 孝钦后（指慈禧）泣语诸王曰："帝疾不可为，继统未定，谁其可者？"或言溥伦长当立。惇亲王言溥伦疏属不可。后曰："溥字辈无当立者，奕譞长子今四岁矣，且至亲，予欲使之继统。"……

清朝皇家子孙命名的辈分（排行）用字，自康熙年间接受汉人的文化传统以来，已预定了"胤"、"弘"、"永"为三代用字，而人名的下一字也规定了"示"、"日"、"玉"三种偏旁，以示与皇室的亲疏程度。如雍正一辈，兄弟们的人名有胤礽、胤祉、胤禛……胤秘等等，"胤"字是辈分用字，"示"字偏旁则表示是不是康熙的嫡系皇子。胤禛登基后，为伸张皇权，表示唯我独尊，让其他兄弟辈分用字改"胤"字为"允"字，那是特例。乾隆一辈，皇帝叫弘历，其他兄弟有弘时、弘昼、弘瞻等等。嘉庆帝本名是永琰，其他兄弟有永璜、永珹、永璘等等。乾隆帝在位时曾预定子孙辈分用字，延续康熙帝所定的，在"永"字辈下加了"绵"、"奕"、"载"三字；道光帝又"豫摛吉语"，在"载"字辈下增添了"溥、毓、恒、启"四字，不过清朝在"溥"字辈一代——宣统皇帝溥仪为君时就逊位亡国了。

咸丰帝名奕詝，同治帝名载淳。同治帝死后因无子而发生了无直系血亲继承的问题，"储位密建法"当然无法实行，父死子继的传统也无法实现。慈禧与王公大臣们集合讨论此一重大事件时，有人认为"溥"字辈的溥伦因年长可以继承，但惇亲王奕誴却以为"溥伦疏属不可"。原来溥伦的祖父是道光帝的长子奕纬，从"纬"就可以知道他与奕詝、奕訢、奕誴、奕譞这些"言"字偏旁的兄弟有着亲疏的不同，而且溥伦的生父载治又是过继给奕纬当儿子，因此从血统上来说，溥伦确实疏远了一些。

另外，《清鉴》一书中记：同治帝在死亡之前曾口授遗诏，命令他的老师李鸿藻代为书写，凡千余言，不过最重要的内容是："国赖长君，当令贝勒载澍入承大统。"于是，"鸿藻奉诏，驰赴储秀宫中，请急对，出袖中诏以进。西太后大怒，碎其诏，叱鸿藻出宫，移时帝驾崩。"载澍原是奕瞻的儿子，后来过继给了道光帝第九子奕譓为子，袭贝勒爵位。载澍和同治帝载淳同辈，而且也是血统较疏的人选。

还有《异辞录》中有另一种说法：

……两宫召见内廷行走、御前、军机、内务府王公大臣，弘德殿行走、南书房行走诸臣与焉。慈禧皇太后问曰："皇帝宾天，天下不可无君，孰为宜？"皆伏泣，不知所对。慈禧皇太后目视恭邸而言曰："奕訢其为之？"恭邸悲痛绝于地。慈禧皇太后复徐言曰："汝不欲任天下之重耶？其令奕譞之子入嗣。"醇邸亦昏绝于地。惇邸进言曰："然则今上不为立后耶？"两宫如弗闻焉而入内。……

这是试探恭亲王奕訢当皇帝的一说。

其他如《慈禧外纪》一书中也有记慈安有意让奕訢之子载澄继位的，并说"恭王在下闻之，叩头言不敢"。

以上各书所记，有的全不可信，有的似是而非，例如慈禧要恭王继统，这简直近乎笑话，恭王是同治帝的亲叔，哪有侄子死后由叔叔继承的，显然是不合情理了。载澍与同治帝同辈，但他的生父是奕瞻，不是咸丰、同治二帝的直系血亲，慈禧与王公大臣们都不赞成。至于溥伦确是同治帝的晚一辈，符合父子相承的原则，但如果由他继统，且不说亲疏的问题，慈禧是他的祖母一辈身份，他登基后，慈禧就立刻成为太皇太后了，那也就注定慈禧不能再垂帘听政了，贪权而对政治有野心的慈禧愿意吗？所以我们还是来看看当时参与继位国君人选讨论的翁同龢的亲身见闻吧。《翁同龢日记》对当时情形作了如下的记录：

> ……戌正（晚间八时），太后召诸臣入，谕云："此后垂帘如何？"枢臣中有言宗社为重，请择贤而立，然后恳乞垂帘。谕曰："文宗（指咸丰帝）无次子，今遭此变，若承嗣年长者实不愿，须幼者乃可教育。现在一语即定，永无更移，我二人（指慈安、慈禧）同一心，汝等敬听。"则即宣曰："某。"维时醇郡王惊遽敬唯，碰头痛哭，昏迷伏地，掖之不能起。诸臣承懿旨后，即下至军机处拟旨。……

醇亲王奕譞为什么"碰头痛哭，昏迷伏地"？原来慈禧当众指定的这位"某"（为避讳，不书名），正是奕譞的儿子载湉，醇王听到这项宣布，他是真吓坏了，或是演戏装的，我们不得而知。不过慈禧明快专断地以载湉为皇位继承人，则是把她的私心、恋权表露无遗了。因为载湉当时才四岁，生母是慈禧的胞妹，这样的关系是够亲的了，而且符合"须幼者乃可教育"这一条件。尤其载湉与同治帝是堂兄弟，他当皇帝，慈禧还是皇太后，垂帘听政就是合制度的。

慈禧指定载湉继统，是兄终弟及，不是父子相承，因而有人批评慈禧破坏了清朝皇位继承的制度，引起什么是清朝继统"家法"的争论。

三十

光绪继统余波

从清朝建立政权以来，皇位与皇权几乎是同义词，谁当了皇帝，谁就执掌皇权。可是同治登基之后，他虽居九五之位，但治国大权却操在垂帘听政的两宫太后之手。甚至到他亲政之后，也还不能完全得到皇权，这是清初以来不见的事。另外在"储位密建法"原始设计中，皇位继承人的指定是皇帝的特权，其他皇室成员或王公大臣是不能过问的。然而慈禧垂帘之后，淫威树立了，光绪的继统完全是她一人专断决定，而且改变父子相承为兄终弟及，在在都说明了慈禧破坏"家法"。

载湉继承大统已成定局，在慈禧的命令下，一部分大臣带领着仪仗队伍去迎接新皇帝入宫了。据《慈禧外纪》说："此时已过九钟，狂风怒号，沙土飞扬，夜间极冷。但慈禧于此紧要时机，不肯片刻耽延，立即派兵一队，往西城醇王府，随以黄轿一乘，用八人抬之，迎接幼帝入宫。"《翁同龢日记》载："遣御前大臣及孚郡王等以暖舆往迎，寅正一刻（凌晨四时十五分）闻呼门，则笼烛数支入自门矣。余等通夜不卧，五鼓出。"《述庵秘录》记：当夜小皇帝被迎入养心殿时，"舆中犹酣睡矣"。第二天，慈禧就命令六部、九卿等衙门官员妥议垂帘章程，十二月初九日宣布以明年为光绪元年，光绪者，"缵道光之绪也"，也就是继承道光传下来的皇位之意。光绪元年正月二十日（公元1875年2月25日）在太和殿为载湉举行登基典礼，接受百官朝贺，至此，由光绪小皇帝入承大统，两宫太后二次垂帘听政的局面，正式宣告形成。

慈禧在这段期间的作为，充分暴露她"利幼君可专政"的野心，王公大臣们虽心知肚明，但畏惧她的淫威，大家都不敢有强烈的反应，只有少数官阶不高的人做了一些抗议，而且还是在婉转不高调的情形下进行。例如内阁侍读学士广安就是首先发难的人。他对慈禧宣称的"醇亲王奕譞之子载湉，着承继文宗显皇帝为子，入承大统，为嗣皇帝。俟嗣皇帝生有皇子，即承继大行皇帝（指同治帝）为嗣"一事，表示质疑，认为"今日之举，太后不立孙而立子，实开爱新觉罗氏未有之奇，此后必有变局"。他又以宋初太祖、太宗、真宗的继承纠纷为例，奏请朝廷铸铁券为凭，谓："我皇上（指光绪帝）将来生有皇子，自必承继大行皇帝为嗣，接承统绪。第恐事久年湮，……请饬下王公、大学士、六部、九卿会议，颁立铁券，用作奕世良谟。"慈禧看到广安的奏疏之后，非常气愤，但在国丧期间，她不能过分严处广安，只"传旨申饬"。不久御史潘敦俨又藉同治皇后阿鲁特氏的惨死之事，上奏要求慈禧赐以美谥，"表扬穆后，以光潜德"，实际上这又是暗讽慈禧的专权与残忍。结果潘御史得到"褫职"的处分。

比起广安、潘敦俨二人以隐约与委婉的上书来表示不满，吏部一位官员叫吴可读，他的行动，真可称为惊天地泣鬼神了，因为他以"尸谏"的激烈做法，给慈禧一大痛击。吴可读是甘肃兰州人，道光三十年（公元1850年）进士，后任御史，因个性耿直，不附权贵，上书言事，在同治十二年（公元1873年）遭降调为吏部主事。光绪五年（公元1879年）初，同治帝奉安惠陵，吴可读藉恭送梓宫安葬的机会，在完成典礼之后，返回京城途中，于蓟州旅次，服毒自杀。他留下遗书，公开指责慈禧强立载湉为帝是"一误再误"，揭露慈禧所谓"俟嗣皇帝生有皇子，即承继大行皇帝为嗣"完全是个骗局。要求两宫太后"再行明白降一谕旨,将来大统仍归承继大行皇帝嗣子",以使清朝"以父传子"的祖宗家法不致"移易"。吴可读的"昧死具折"其用意非常明显,就是批判慈禧破坏了清朝祖制,而找来一个她的姨侄当继承大位的人。

"尸谏"的例子在清朝历史上从未发生过,因此这件事在当时引起"朝野惊愕"。慈禧毕竟在第一次垂帘时得到了不少经验,她这一回表现得相当镇定,她没有像对广安、潘敦俨上书事件那样处理,反而以退为进,承认吴可读的建议是很好的,也是值得大家讨论的,以此先安定公众情绪。她命令有关官员到内阁看看吴的奏折,并各抒己见。逢迎慈禧的王公大臣们于是纷纷上奏表示了意见,如礼亲王世铎说:吴可读"未能深知"我朝家法,"亦尚未能细心仰体"皇太后的懿旨本意,事实上所提的看法与两宫太后的没有不同,对于这种纯属妄议的奏章,可以"毋庸置议"。

大学士徐桐、翁同龢、潘祖荫等则奏称:"我朝家法,不建储贰,此万世当敬守者也。"吴可读要预定继统人选,反而是破坏祖训了,极为不是。

国子监司业张之洞也上奏批评吴可读坚持皇上生子即定为先帝子嗣是"将类建储",立储是家法不许可的,是"大戒",绝不可行。

另外,宝廷、黄体芳等人也不顾"死者为大"的中国仁厚传统,有的骂吴可读"神智瞀乱",有的严词批判其行为,显见大臣一面倒地支持慈禧,吴可读变成白死了。慈禧见到有利的舆论已经形成,她开始发言了,她说:"吴可读所请预定大统之归,实于本朝家法不合。皇帝……将来诞生皇子,自能慎选元良,缵承统绪。"她没有太严厉地斥责吴可读,反而认为他"以死建言,孤忠可悯","着交部照五品官例议恤"。吴可读原本是七品小官,慈禧现在给他加了两级,也算是增添他身后的哀荣了。同情吴可读的人也因此稍得安慰。

慈禧如此结束这次"尸谏"案,表现了她的应变能力极佳,而且得到双赢的效果,因为她不单是为自己立光绪帝的私心制造了理论根据,同时也打压了大家对她不满的情绪,化危机为转机。

慈禧的政治智慧与手段真是不可小看的!

三十一
二次垂帘

同治帝是在同治十三年十月三十日得天花的，当时他亲政还不到两年。七八天之后，经过御医的悉心医疗护理，皇帝的病情有了所谓"由险渐化为平之象"，十一月初八、初九日，慈禧连着两次在御榻旁召见军机大臣、御前大臣等，授意他们请求"两宫太后权时训谕"。"权时训谕"的意思，简单地说就是请两宫太后暂理政务，即变相的垂帘听政。为时仅三个月，至明年二月十一日止。想不到慈禧在儿子偶尔染疾且病情转佳时，竟然耍此手段，再自导自演地"俯允权宜办理"。这比乘"尸骨未寒"夺权还要残忍，还要显得情何以堪，她对权力的贪婪形象实在太丑恶了，同治帝还在病中，她就迫不及待要先抓权。

同治帝病危时，她又在决定皇位继承人一事上暴露了她的真正政治野心。皇太后"披览裁定"一切折件的大权虽已获得，但未来皇帝是谁呢？如果是年长的继任，垂帘的事便不可行了。如果新的国君有重量级大臣支持，或是出自皇室中一派有实力的家族，两宫太后垂帘也必不能长久，无法实际掌权。慈禧在这些方面必然苦心思索、苦心筹划。

十二月初五日晚，同治帝驾崩，慈禧立即召开御前会议，并在会上提议:"此后垂帘如何?"这比"权时训谕"更一步地名正言顺执政,她以此来试探大臣们的意向。结果大臣中有人说:"宗社为重,请择贤而立,然后恳乞垂帘。"说实在的,这些大臣并没有反对太后垂帘,只是希望"择贤而立"。可是慈禧连这也听不进,因为择贤必然找一位年长懂事的,而且是贤能的人来继承皇位,这是犯了慈禧大忌的,是她万万不能同意的,因此她毫不犹豫也毫不理会他人建议地说:"文宗(指咸丰帝)无次子,今遭此变,若承嗣年长者实不愿。须幼者乃可教育。现在一语即定,永无更移,我二人同一心,汝等敬听。"她就随即宣布了皇位继承人为载湉。

载湉继统已成定局之后,慈禧便下令六部、九卿等衙门官员妥议垂帘章程,接着宣布改元光绪,并在光绪元年正月二十日为小皇帝举行登基典礼,两宫太后的二次垂帘听政当然也合法上场了。

据上可知:慈禧从她儿子生病到病危,到死亡,短短三十几天当中,一气呵成地安排了"权宜办理"政务,进而确定二次垂帘,再独断指定皇位继承人,可谓有效率的精心设计工程,她的智慧、能力与胆识也从而得到明显的证实。比起第一次垂帘时不太谙习朝政、不完全了解官场情形来说,这一次的手段与政权运作确是熟练多了,高明多了,真是令人赞赏。尤其她"一语即定"载湉为皇位继承人,更是凶辣之极。她明知这是违反祖宗制度的,但她为了一己的私利,独断专行地做了,因为她认清载湉入继咸丰帝为子,她还是身居母后地位,还能听政,还能掌握皇权,她把皇位与皇权作了切割。同时载湉是她胞妹所生的儿子,关系密切。载湉的生父醇亲王奕譞对她一直俯首听命,比奕訢恭顺很多,未来问题不大。还有载湉年仅四岁,距离亲政的时间还早,至少有十多年的岁月可以垂帘听政。慈禧的想法是有前瞻性的,做法是现实功利的,她真是可以视为一位凶狠成功的政客。

慈禧的厉害其实还可以在她二次垂帘后的一些行事上看得出来。且不说她对广安、潘敦俨、吴可读这些人的不满、反抗行动处理得相当得当,她对朝廷重要官员的态度更是值得一述。我们知道在同治帝未亲政前，朝廷位高权重的军机大臣最初是奕䜣、桂良、宝鋆、沈兆霖、曹毓英、文祥六人。后来桂良、沈、曹三人相继过世，其间又增补了三人，但也有任职不久即辞世的，所以换人是自然更迭，不是犯罪或其他原因而失职免任、罢革的。从同治七年（公元1868年）开始，出任军机大臣的是奕䜣、文祥、宝鋆、沈桂芬、李鸿藻等五人，到同治帝驾崩时都没有变化过。

慈禧二度垂帘后，没有像上次一样，为了气象一新，重组朝廷核心组织，她仍然由原班人马掌管军机处，处理国家大政。一方面因为这批人多是元老重臣，在朝野都很有威望，而且他们历练够，能力也强，对政府运作有利。另一方面，不改组军机处，必然比较安定，官位争夺之事也不会发生，对两宫也有利。

不幸的是光绪二年（公元1876年）五月文祥病故，奕䜣一时失去了重要帮手，从此他更依赖宝鋆一人了。宝鋆的政治经验丰富，对西洋事务也有相当了解，而为人开明有涵养，与奕䜣相处融洽，所以能愉快地在一起工作。倒是汉人军机中沈桂芬与李鸿藻互有芥蒂，而各执己见，时常发生矛盾。

慈禧看见中枢这个治国班子"卒至群而有党，未克协恭"，当然有些忧心。不过她知道二次垂帘伊始最需要的是政局稳定，因此她对大家采取若无其事的态度，装着对奕䜣等满人军机有感恩"畏惧"之意，对汉人军机也不会"颐指而器使之"。一般说来，她信任大家、尊重大家，这确是明智之举。当然她也是有条件的，那就是任何人都不能侵犯她的"皇权"。

三十二
南、北党争与清流

二次垂帘后慈禧对军机大臣虽采取忍让态度，力求政局稳定，但是她却在大臣间制造矛盾来巩固她的地位与特权。

早在同治年间，军机大臣、内阁大学士以及六部重要官员之间，就已经出现政见不同的现象。奕䜣、文祥等人虽强调以礼立国，却又主张效法西洋，常有一些突破儒家传统的政策提出；而朝中大臣守旧的仍然很多，特别是作为帝师的李鸿藻、倭仁、翁心存等人，他们则"好谈（朱子）语录"，对倡导以练兵制器为主的洋务运动甚为不满，认为是擅改祖制。双方想法大不相同，因而成见日深。

还有文祥等引荐沈桂芬入军机处，也使得两派关系变得更坏，因为沈桂芬追随奕䜣，又"谙究外情"，是个十足的洋务派，他晚进军机处，竟成为草拟谕旨、批答奏章的"主笔"，这令李鸿藻更为不服，大家凡事"均不肯符合"，乃成为经常的现象了。

李鸿藻与慈禧关系较近，但在军机处显得势单力薄，可能是在慈禧的默许下，他多方推荐有品德的"端士"，因而有一批新进的御史、翰林与他结成一帮，尤其对他的直隶同乡张之洞、张佩纶给予提携，确实壮大了他的势力。由于被引拔的人中多是北方人，时人称为"北党"。"北党"人士时常进呈奏章，攻击沈桂芬"既无公事之法，又不实修战备"，甚至说"（沈）势焰愈强，中国危端立至"。李鸿藻还进一步请他的盟兄内务府大臣荣禄，向慈禧请求将沈桂芬赶出军机处，党派之争已经显得相当严重了。

沈桂芬也不甘示弱，他也设法让他的学生湖南巡抚王文韶当上军机重臣，以增强自己的实力。沈、王二人籍贯中国南方，因此被人目为"南党"。从此南、北两派势力就在军机处与中央政坛上互斗了起来，而实际上他们各有靠山，那就是奕䜣与慈禧在幕后操控。

光绪六年（公元1880年），沈桂芬病逝，李鸿藻在军机处的地位上升了。"北党"人士藉当时云南军费报销不实案，对任职户部尚书的王文韶作了无情的攻击，说他"赋性贪邪"，"才不足以济奸，而贪可以污国"，结果把王文韶拉下了台，黯然地回了老家。不久李鸿藻又指使张之洞对奕䜣的另一大助手董恂，进行批判，董恂等人也被罢革了。奕䜣大伤元气，也显示了奕䜣在军机处里的人事被慈禧打垮。

与此同时，在晚清政坛上又出现了一批敢于讲话，敢于抨击时政的文人学士型官员，他们的官位不高，权力不大，但是他们以提倡气节、清高自负闻名。对于当时国家事务，"上自朝政之阙，下至官方之邪，微及闾阎之困，无不朝闻事目，夕达封章。"这些人很快地出了名，形成一股政治力量，时人称为"清流党"。

清流的力量在当时怎么能够形成呢？原来在辛酉政变以后，两宫太后垂帘是清朝从来不见的政体，对传统儒家社会而言，也是不易为大家所接受的。奕䜣为争取更多人的支持，有心联络中外，以塑造良好形象。叔嫂们都同意让关心国事的人有讨论时政的机会，于是"申谕中外大小臣工，嗣后于朝廷用人行政，各有所见，务当切实直陈"，以备中央施政参考。如此一来，官员言论的尺度放宽了，言路变得通畅了，执政者的利用工具又更有效了。慈禧利用蔡寿祺的上奏而参劾奕䜣，免其议政王之衔，就是早期明显的一例。

慈禧尝到甜头之后,当然把握机会,对清流人士假以颜色,有意笼络,以树立自己的绝对权威。有时候对清流弹劾的人与事,尚未获得真相,慈禧即下诏处置,所以一时言路生风,无所顾忌地论人论事,当然这批清流人士也大多能了解一件事是,论事应有立场,最好从改革弊政、整饬纪纲上着眼,否则也会伤害自己的。不过,慈禧却恣愿他们不在乎正义公利与否,她关心的是政权的问题,因此她不但利用清流打击奕䜣,她也利用清流剪除地方上的实力派,如曾国藩、李鸿章等等,曾、李二人都尝到清流人士"无根浮言"的"挑剔细故",不得不把湘军与淮军的力量减弱,使之不致形成对朝廷的威胁。如此收拾将帅疆吏的大权,当然可解除慈禧与中央亲贵的忧虑。清流势力愈大,好像朝廷愈感安全,但是此风一盛,慈禧也难免惹火烧身。例如同治帝亲政后不久,下令重修圆明园,清流党就出面连章谏阻,逼得皇帝与慈禧都得临时下令停止工程。其后皇后阿鲁特氏的死亡以及光绪的继统等大事件,清流人士都表示了关心,甚至有吴可读激烈的"尸谏"行动,清流党的气节风骨与不畏强权,确是令人钦佩,但是被有野心的政客利用那就应受历史批判了。

诚如张之洞说的:"自咸丰以来,无年不办洋务,无日不讲自强。……事阅三朝,积弱如故。"这当然给了"年少喜言事"的人有评论之资。尤其到光绪时代,讲洋务的人不但要"强",还要求"富",结果却是"求强不强,求富不富",而外来侵略使中国不是增开商埠,就是割地赔钱。"清流横甚"是必然的了,政局也更为不安了,慈禧与奕䜣的斗争益形白热化地搬上了台面。

三十三
慈安之死

可能是慈禧的利己心重、贪权欲强，以及先后两次垂帘期间不顾国家利益的种种表现给大家的印象太差，所以清末很多大事的烂账都算到她身上了，慈安太后之死就是一例。

从同治登基到光绪继统，两宫太后垂帘听政时，表面上看二人相当合作，似乎没有什么大的冲突事件，当然若说完全融洽、从无龃龉也是不可能的，至少我们可以看到以下一些事件她们两人是有歧见的，甚至可以说是发生过斗争的。一是安得海被杀之事（详见本书第四十九节）。安得海是咸同时代的太监，颇得慈禧赏识，当上了总管太监。有人说慈禧杀肃顺、贬奕䜣等大事，安得海都曾参与，并为慈禧的得力帮手。这个太监又在宫中培植党羽，气焰高涨。同治八年（公元1869年）七月，他在慈禧的默许下，竟乘船离京去江南"采办龙袍"，一路招摇，抓差纳贿，结果在山东被巡抚丁宝桢查拿。因为清朝自顺治朝就订定法条，明文禁止太监私自出皇城，安得海确实犯了大禁令。消息传到京城，慈安与奕䜣乘慈禧生病之时，下令将安得海在山东就地正法。另一件事是同治大婚选后时，慈安推荐的人选胜出，这也令慈禧耿耿于怀、对慈安不满。因为这些矛盾，加上慈安死得太突然，不少人就怀疑慈安之死必与慈禧有关，甚至有人以为慈禧谋杀了慈安。例如恽毓鼎的《崇陵传信录》中记：

>　　十一日（应为初十日），慈安闲立庭中，倚缸玩金鱼，西宫太监捧盒至，跪陈曰："外舍顷进克食（满洲语牛奶饼之类），西佛爷（指慈禧）食之甚美，不肯独用，特分呈东佛爷（指慈安）。"慈安甚喜，启盒，拈一饼对使者尝之，以示感意。旋即传太医，谓东圣骤疲厥，医未入宫，而凤驭上升矣。

慈禧为什么送"克食"（满洲语Kesi，意为点心）毒害慈安呢？照恽毓鼎的说法，不是因为安得海被杀或是同治大婚选后的事，他暴露了另一桩天大的秘密事件：

>　　相传两太后一日听政之暇，偶话咸丰末旧事，慈安忽语慈禧曰："我有一事，久思为妹言之。今请妹观一物。"在箧中取卷纸出，乃显庙（指咸丰帝）手敕也，略谓：叶赫氏祖制不得备椒房，今既生皇子，异日母以子贵，自不能不尊为太后，惟朕实不能深信其人，此后如能安分守法则已，否则汝可出此诏，命廷臣传遗命除之。慈安持示慈禧，且笑曰："吾姊妹相处久，无间言，何必留此诏乎？"立取火焚之。慈禧面发赤，虽申谢，意怏怏不自得，旋辞去。

这是说咸丰帝生前知道慈禧"不能深信"，遂预留遗诏给慈安，当慈禧不"安分守法"时，可以传遗命于廷臣，杀掉慈禧。老实忠厚的慈安后来把此事告诉了慈禧，并当面烧毁了这件遗诏，由是触动慈禧的杀机。

恽毓鼎是光绪帝的日讲起居注官，经常在皇帝身边与宫中行走，他的记述应该有些真实性。加上其他的传闻，慈禧害死慈安的说法就流传起来了，而且被一般人所接受，甚至直到今天，不少人还相信慈安之死是与慈禧有关的。像《清朝野史大观》这部书就是与恽毓鼎的说法大致相似。还有《述庵秘录》、《十叶野闻》二书，也都写了慈安吃下慈禧赠送的"糕饼"、"点心"、"小食"后"逾数时薨"。至于慈禧为何要毒害慈安，二书中则提出：（一）两宫太后为东陵祭祀位置先后的问题，引起不快；（二）慈安几次痛责慈禧与金姓伶人过从亲密，令慈禧不乐，因而萌发了杀机；（三）两位太后为李莲英事闹翻，不久就有"慈安暴崩之事"等不同的原因。与上述诸书稍异的是《清稗类钞》，其中记："或曰：孝钦（慈禧）实诬以贿卖嘱托，干预朝政，语颇激。孝贞（慈安）不能忍，又以木讷不能与之辩，大恚，吞鼻烟壶自尽。"这是吞物自杀说。秘录、野闻这类随笔文章当然不能尽信。官书《清实录》记："（光绪七年三月）初九日慈躬（指慈安）偶尔违和，当进汤药调治，以为即可就安。不意初十日病势陡重，痰涌气塞，遂致大渐，遽于戌时仙驭升遐。"这些文字显然在当时与日后也不能让大家完全信服。那么，慈安薨逝的事我们应如何看待呢？我想还是先让我们看看当时人的亲身见闻吧！

翁同龢当时是光绪帝的老师，任书房毓庆宫行走，且参与国家大事，有关慈安的死，在他的日记中也有不少记载。他说光绪七年三月初十日（公元1881年4月8日）晨，"慈安太后感寒停饮，偶尔违和，未见军机"。不过当天夜间有人送信来，"云闻东圣上宾"，可见慈安的死可以谓为"暴毙"，不到一天就过世了。翁同龢又记下他凌晨入宫后看到御医为慈安开的五次药方："待至丑正三刻开乾清门，急入，到奏事处，则昨日五方皆在，晨方天麻、胆星，按云类风痫甚重。午刻一方按无药，云神识不清牙紧。未刻两方虽可灌，究不妥云云，则已有遗尿情形，痰壅气闭如旧。酉刻一方云六脉将脱，药不能下。戌刻仙逝云云。"从上开药方来看，御医为慈安治病应该说没有延误，只是病发得突然，恶化得也快，更不见有被毒死的迹象。翁同龢后来奉命为慈安治丧，所以他的日记里还记录了两件值得大家注意的事：一是慈安死后，王公大臣们到了慈安的寝宫锺粹宫，慈禧不但在场，还命令太监揭去了"面幂"，让大家"瞻仰"慈安的遗容。当时有惇亲王奕誴、醇亲王奕譞、惠亲王绵愉三王，公伯彦纳谟祜、御前大臣、军机大臣、毓庆宫行走、南书房行走、内务府大臣等人"哭临"行礼。翁同龢是"毓庆宫行走"，他亲自看了遗容，但没有记录任何身体上有中毒的痕迹。二是翁同龢是治丧人员之一，他看到了慈安的棺木"金匮"，形容"甚大"。这与野史里说的"棺材甚小"是不一样的。而且慈安在死后第二天大殓，是符合清宫礼制的，绝不是如野史中说的草草入殓或提早入殓，以免被人看到慈安中毒"面色发紫"、"七孔流血"的惨状。总之，从当事人翁同龢的文字记事，我们似乎可以了解：慈安突然生病死亡，治疗没有耽误，治丧也是按照清宫制度处理。慈禧因对慈安有仇恨，下手毒杀，乃至不予厚葬等等小说家言，显然都是无稽之谈。

恽毓鼎《崇陵传信录》的克食致死说与咸丰遗诏说，实在衍生出不少问题。恽氏虽任职宫中，言论或可有据；但他毕竟是日后保皇党的一员，十分同情光绪帝与康梁集团，他的言论带有帝后党争一边的色彩也是大有可能。况且《翁同龢日记》中还有一些记事是一直被人忽略的。如同治二年二月初九日条云："慈安皇太后自正月十五日起圣躬违豫，有类肝厥，不能言语，至是始大安。"又如同治八年十二月初四日条又记："昨日慈安太后旧疾作，厥逆半时许。传医进枳实、莱菔子等。"文中"肝厥"、"不能言语"、"厥逆"等词，都是说明慈安有突然昏倒、失语的老毛病。现代中医都认为慈安当时确是患了脑血管疾病，病发中风昏厥死亡是极为可能的。

除了病情分析之外，我们若从政治观点上来看，慈禧似乎也没有必要害死慈安，因为慈安根本不具政治野心，论才智学识以及理政的手段，慈安无一能与慈禧相比。见过慈安的人常说她"呐呐如无语者"。由于才学、经验不足，慈安对大臣奏章"或竟月不决一事"。这样一个毫无威胁的人，而且自共同听政以来，两宫从未发生过大冲突，如此伙伴，慈禧有必要杀害她吗？当然这是我个人的想法，深宫之事，讳莫如深，谁也不能绝对保证此事与慈禧无关，但愿将来有可信的史料出现，解决这一谜案。

三十四
甲申易枢

　　光绪十年（公元1884年），以中国传统干支计，岁次甲申。这一年，清朝中央发生了人事大变动，军机处的所有重要枢臣全都换了人，史称"甲申易枢"。

　　说起这次军机处人事改组，应该从以下几个方面来作观察：首先是中央政府当时存在党派斗争的问题。上面已经谈到有北党、南党，还有一些"年少喜言事"的清流，闹得政坛上很不安宁。实际上，这些党派背后是由慈禧与奕䜣操纵的。他们叔嫂自辛酉政变后，表面上是合作理政，但奕䜣始终被慈禧视为眼中钉。而奕䜣确实不是庸碌之辈，他有干才、有能力、有眼光、有声望，尤其对洋人办外交是一位能手，慈禧虽忌讳他，打击他，但仍然需要他作帮手。奕䜣对慈禧这位嫂嫂当然也心存不满，但垂帘听政已正式实行，君臣名分不能不顾，所以只好容忍从事工作，也正为如此，这叔嫂二人就在既要合作又有矛盾的情形下一同主持大政十几年，可谓尚能相安无大事。光绪七年（公元1881年）三月，慈安突然病逝，奕䜣像似失去了一座靠山。因为多年以来，慈安虽对政事不甚关心，也无野心，奕䜣却常以"嫡庶之分"与慈安接近，并获得她支持来压制慈禧的嚣张气焰，奕䜣与这位嫂嫂仿佛结了同盟，形成一种牵制慈禧的力量。慈安死后，情势大为改变了，慈禧不再受嫡庶的约束，而她自己的党羽势力也大增，所以对奕䜣不再多所顾忌。加上小皇帝光绪一天天长大，归政的压力日益加强，慈禧惟恐在自己隐退后奕䜣仍掌握政权，将对自己不利，因而想尽早先把奕䜣等人赶出军机处，以除后患。

其次是清朝对外交涉事务上出了大问题，那是光绪九年中法之间发生战争，而清军败绩，当然引发了政争。其实早在同治年间，法国人就处心积虑地开始侵略越南了。越南政府也曾请清廷派兵协助。作为宗主国的清朝，乃派刘永福在同治十二年（公元1873年）带领黑旗军去援越抗法。黑旗军初期常败法军。光绪九年（公元1883年），法国强迫越南政府与他们订立《顺化条约》，使越南变成法国的保护国。同年法军向派驻越南的清军发动进攻，挑起中法战争。这时进入越南的清军有两路，一路是广西巡抚徐延旭统领的粤西防军约六千人，另一路是云南布政使唐炯统领的滇省防军约八千人，而这两支大军在光绪十年初连连传来打败仗的坏消息，京城里的清流御史等官员们便纷纷上疏参劾。慈禧正好抓到这个机会，利用日讲起居注官盛昱的一份奏折做起文章来了，盛昱的《疆事败坏诸将军机大臣交部严议折》中特别提到军机大臣李鸿藻曾举荐唐炯、徐延旭出任云南布政使、广西巡抚，率领清军助越南抗法国，唐、徐二人竟不战而溃，应予推荐人李鸿藻以滥保处分，同时"恭亲王、宝鋆久直枢廷，更事不少，非无知人之明，与景廉、翁同龢之才识凡下者不同，乃亦俯仰徘徊，坐观成败，其咎实与李鸿藻同科"。其实盛昱的奏折是在慈禧的鼓动下进呈的，因为垂帘听政的慈禧先召见了军机大臣，并对他们作了因循不力的批判。《翁同龢日记》就记了当日的情形说："今日（光绪十年三月初八日）入对时，谕及边防不靖、疆臣因循、国用空虚、海防粉饰，不可以对祖宗。"既然"不可以对祖宗"，罪名显然很大了，加上盛昱的一一点名要很多军机大臣负责，包括首席的奕䜣，慈禧不久就以皇帝的名义颁降了上谕，其中称：

……军机处实为内外用人行政之枢纽，恭亲王奕䜣等，始尚小心匡弼，继则委蛇保荣，近年爵禄日崇，因循日甚，每于朝廷振作求治之意，谬执成见，不肯实力奉行。屡经言者论列，或目为壅蔽，或劾其委靡，或谓簠簋不饬，或谓昧于知人。本朝家法甚严，……奕䜣着加恩留世袭罔替亲王，赏食亲王全俸，开去一切差使，并撤去恩加双俸，家居养疾。……

这是对奕䜣的处分。至于其他大臣，宝鋆"原品休致"；李鸿藻、景廉"开去一切差使，降二级调用"；翁同龢则"加恩革职留任，退出军机处，仍在毓庆宫行走"，再当光绪帝的老师。由此可见：旧有的治国班子，全部被拉下台了，一个也不留。

旧人刚被撤下，新名单就出炉了：首席领班军机大臣是礼亲王世铎，其他出任军机大臣的还有户部尚书额勒和布、阎敬铭，刑部尚书张之万，以及工部左侍郎孙毓汶等人。这次中枢要员的大换血，使朝廷执政的人都听命于慈禧了，也显示了慈禧的智慧与能力，她行动之快、安排之好、借口之正、换人之多，在在都出人意外，用心之凶，可谓少见。

新军机大臣们是不是能把当时外务，或者单是中法战争善后办好呢？四月中果然在天津签订《中法会订越南条约》（即《中法新法》）了，像似解决了问题，其实前线战事后来并未失利，结果却在"法国不胜而胜，中国不败而败"的情形下订约结束了战争，法国不仅把越南变成了他们的殖民地，而且也打开了中国西南的大门。

李慈铭在光绪十年三月十七日的日记中写道："晨泊天津北关，……赵桐孙同年以舆来迎，上午卸装其寓，始知十三日朝廷有大处分，枢府五公悉从贬黜，而易中驷以驽产，代芦菔以柴胡，所不解也。"显见当时人对中枢人事大更动是不看好的，因为新人中多是"昏庸贪卑之徒"，其行政能力远不如恭亲王奕䜣一组的人马。

在慈安未死、奕䜣仍掌控军机处与总理衙门大权时，慈禧实际上并非国家的主宰。到"甲申易枢"以后，情势大为改变，她能为所欲为，可以说是"唯己独尊，以专执国政"的女主了。

三十五
奕譞"商办"政务

奕譞是奕䜣的同父异母弟,慈禧的妹夫,光绪帝的生父,他是皇室的至亲,也是对慈禧一直表现得忠诚与敬畏的人。

慈禧喜欢奕譞还有一些其他的原因,例如奕譞与六哥奕䜣的关系不是很好。从辛酉政变起,奕譞就在捕捉肃顺等人的事件上有功,而在同治时代,他们兄弟始终相处不融洽,尤其奕䜣主张开放学习西洋,而奕譞则趋于保守,反对违反传统。两兄弟间还有许多理念不合,因而一直有矛盾斗争。仅以同治九年五月"天津教案"一事为例,即可看出端倪。自英法联军攻陷北京签订《北京条约》后,法国天主教士便在天津建立教堂,因强占民地,激起民愤。后来该教堂附设的育婴堂又虐死儿童三四十人,民众遂焚毁教堂、打死教士、殴毙法国领事,造成严重的外交事件。奕䜣当时主持总理衙门,认为国家军力不足,不能应付对法战争,乃决定向法国妥协,以赔款、派专人到法国道歉了事,并对国内肇事分子判处死刑,流刑二十多人。奕譞对如此结案大为不满,他基本上认为人民应该加以抚恤而不可判刑的,否则就不能鼓舞国人的忠义之气了。他甚至还当面质问过奕䜣:"素日无备,故临事以'无可如何'四字塞责,自庚申(指咸丰十年）至今十年，试问所备何事？"奕譞甚至还辞去御前大臣等职务，以示抗议，到第二年在慈禧再三温谕劝说后才恢复请假上朝。奕譞尽管"疾其兄之专权，久有眈眈之意"，但奕䜣位高权重，他也无可奈何。直到他儿子载湉继统为君，即光绪帝，他的权势增强了，还"挟太上之尊"，有资本与奕䜣决斗了。慈禧与奕䜣多年来一直处于斗争状态，当然极力支持奕譞，联合实力共同对付强敌奕䜣。

　　慈禧乐于与奕譞联盟的原因除了是嫂叔暨大姨与妹夫的双重关系之外，奕譞对她的态度也是令她激赏的。当载湉被指定为皇位继承人后，作为生父的奕譞立即意识到他的言行举止必须有所规范，因此他首先就主动提出辞掉所有一切官职。他以"触犯旧有肝疾等症，委顿成废"为借口，恳请"太后恩施格外"，准他退休。慈禧对他的表态十分欣慰，姑且暂准他不管一切政务，但却赏了他"亲王世袭罔替"与凡遇"皇帝升殿"、"皇帝万寿"典礼上可以"毋庸随班行礼"。"随班行礼"就是行君臣之礼，做父亲的也得向小皇帝儿子叩头，这是很难让人忍受的。奕譞也知道这是慈禧对他的优异照顾，也就益发对慈禧表示忠心了。还有为了牵制奕䜣，慈禧虽免除了奕譞的差使，却又降谕："如遇朝廷大政，仍宜时备顾问，倘有条奏事件，亦可于两宫前呈递。"明显地又让奕譞具有与会议事之权，这可以说是在军机处里安排了一个反奕䜣的暗桩。

　　"甲申易枢"之后，奕䜣及其党羽全退出了军机处，但奕譞因自己儿子当了皇帝，回避入军机，他大力推荐礼亲王世铎任首席军机，因为世铎为人"懦腐无能"，奕譞可以在幕后操纵。慈禧完全支持，并颁发上谕说："军机处遇有紧要事件，着会同醇亲王奕譞商办，俟皇帝亲政后再降懿旨。"奕譞有"商办"之权，实际上就是具有真正参政的身份。

　　奕譞当了军机处的"太上大臣"之后，因为不便到处里办公，每天由专人将重要公文送到他家，请他阅读裁决，当时人称为"过府"，而传达公文的则是另一位军机大臣孙毓汶。奕譞与孙毓汶相处投缘，所以他们二人成为军机处的实际掌权者。

奕譞"商办"国家政务之后，对法国交涉事务方面采取妥协的方式，签订让步的条约结束战争；在内政方面也没有重大的建树。不过他对慈禧却做一些曲意逢迎的工作，以取得她的欢心，其中最大的一件就是提出"训政"的主张，好让慈禧在光绪帝亲政后还能继续掌握政权。

光绪十二年（公元1886年），载湉年届十六岁，按照清朝祖制，他早就可以亲政了。慈禧虽然不愿交出政权，但不得不表态，在六月初十日，她与光绪帝召见了奕譞、世铎等大臣，并降下一道懿旨，"谕以自本年冬至大祀圜丘为始，皇帝亲诣行礼，并着钦天监选择吉期，于明年举行亲政典礼。"好像慈禧真有心要在明年归政光绪了。

奕譞、世铎等大臣都知道慈禧是个贪恋权位甚于一切的人，怎么会轻易放弃垂帘听政呢？大家都相信这是慈禧放出的试探性讯息，看看大家对她的忠诚度。了解慈禧心理的奕譞很快上疏，他说：

> ……王大臣等审时度势，合词吁恳皇太后训政。敬祈体念时艰，俯允所请，俾皇帝有所禀承。日就月将，见闻密迩，俟及二旬，再议亲理庶务。……臣愚以为归政后，必须永照见在规制，一切事件，先请懿旨，再于皇帝前奏闻，俾皇帝专心大政，博览群书，上承圣母之欢颜，内免宫闱之剧务。此则非如臣生长深宫者不能知，亦不敢言也。

奕譞的意思是皇帝不必太早亲政，即使过了二十岁亲政，也得按目前的规制，凡事"先请懿旨"，再向皇帝奏闻。这根本谈不上什么亲政了。在奕譞的引导下，世铎等军机大臣也纷纷上奏请求太后"再行训政数年"，"于明年皇上亲政后，仍每日召见臣工，披览奏章，俾皇上随时随事亲承指示"。

慈禧看到这样的结果，当然十分欣喜，做出"从善如流"的样子，接受了大臣们的建议，并下令要世铎等起草一份《训政细则》，以使训政制度化、合法化。不久，世铎等人拟定的《细则》完成了，其中强调的都是大权归于慈禧，例如处理政务须尊重慈禧的意见、召见引见臣工由慈禧主持、用人大权由慈禧裁夺、批答奏章须经慈禧阅核后才能下发等等，可见皇帝只能坐上虚位，没有皇权。慈禧经由她的精心设计，又一次地可以操纵国家执政大权了，又一次地可以过着她为所欲为的日子了。

奕譞为了取得慈禧的信任与欢心，还倡议大修三海与颐和园的工程，这件事也是慈禧生命史上的重要一页，让我们在下一节里详述吧！

三十六
整修三海与颐和园

在慈禧的心中,第一重要的事是权力,第二重要的事是享乐,当然两者兼有之更好。同治六年(公元1867年),她曾授意太监安得海,指使一位满洲御史德泰公开奏请修复圆明园,以供太后逸乐生活之用,结果被奕訢等人驳回。同治帝亲政后,皇帝自己倡议重修圆明园,让皇母归政后有个赡养之处,结果又招来内外大臣的反对,致使皇帝收回成命,修园之事又未能顺利进行。光绪帝继统后,慈禧成功地取得了政权,可是政局仍呈现着不安,如光绪元年嘉顺皇后阿鲁特氏的死亡、五年吴可读的"尸谏"、六年她自己的重病、七年慈安的猝死以及十年的"甲申易枢"等几大事件,引起不少政坛上的风波,但也经过她小心处理而能安全地度过了危机。光绪十一年(公元1885年),局势稳定一些了,她也意识到小皇帝应该是亲政的年纪了,她为归政后有个颐养天年的好场所,自己下令要奕譞负责,为她整修离内廷不远的西苑一带三海地区的老旧殿宇,以及被英法联军破坏了的宫殿、房屋、道路、河池、假山、堤泊等等的设施。三海工程虽名气不如圆明园响亮,也不会引起太多人的注意,但是规模仍是十分宏大的。据现存的清宫档案所记,这一地区的整建历时六年,动用人员约在六百万人以上,工程费用至少五百九十万两白银(有人说高达二千多万两)。

就在三海工程开动后不久,奕譞又策划大修颐和园的工程了。颐和园原名清漪园,位于圆明园之西,是乾隆帝为庆祝他母亲钮祜禄氏六十大寿而兴建的一片皇家园林,历时十五年,耗银四五百万两。英法联军焚烧圆明园时,该园也遭到劫难,此后一直未被修理,到咸同时代已经是残破不堪了。奕譞亲身看到慈禧想修圆明园,又修三海各殿房,他知道慈禧贪喜游乐的心理。为了他自己儿子光绪在未来不受"老佛爷"的控制,因而在大修三海的同时,他又借兴办海军为名,上了一份奏章建议修建颐和园。他说:"……因见沿湖一带殿宇亭台半就颓圮,若不稍加修葺,诚恐恭备阅操时难昭敬谨,……拟将万寿山暨广润灵雨祠旧有殿宇台榭并沿湖各桥座、牌楼,酌加保护修补,以供临幸。"奕譞的这番话完全假公济私,用练海军供阅操当名义,实际上是为慈禧兴建归政后的游逸场所。慈禧没有反对,工程当然就在光绪十二年底逐渐展开了。

由于颐和园的工程就像三海工程一样,在一般人的观念里比圆明园的工程要小得多,因而朝臣谏阻的人也较少。不过工程费用仍是极为巨大的,而当时国库空虚,各地灾变又频传,政府的用度确实拮据万分。奕譞既以筹建海军为名,显然挪用到了海军的经费。这也是日后有人批评慈禧修颐和园是不当的原因。如梁启超曾说:"当海军初兴,未及两年,而颐和园之工程大起,举所筹之款,尽数以充土木之用,此后名为海军捐者,实则皆颐和园工程捐也。……括全国之膏血以修国防,而其实乃消磨于园林土木之用而莫之或知。"清史前辈名家萧一山也说:"总之,海军衙门所用于颐和园工程之费,大约为三千万两,系时人所周知者,必非捕风捉影之谈也。……慈禧之穷奢极欲,已尽括府库所有,而尚言无伤国计,真不知其是何居心?"从以上两家叙述,给人的印象是海军经费全数被挪用于修园了,而且直接影响到了北洋海军日后的失败,因此慈禧应负最大的责任。

然而，不论修三海也好、修颐和园也好，究竟各花了多少钱？钱的来源又是从何而出呢？三海的兴工比较简单，因为所有工程与花费还都有记录，而且记录大多尚存，从中我们可以看到当年工程共约一百多处，数百个项目，负责的厂家见记录的有十六家之多，每日工作人员平均四五千人，有时超过万人。至于从光绪十一年至十七年间所费总金额，据《收放钱粮总单》及承办大臣的奏折所言，全部费用约在五百九十万两之谱，比世传的二千万两少得多。又有关经费的来源大致有四个方面：（一）官员的捐修银两；（二）动支户部国库及宫中内库的银两；（三）各海关直接拨解的税银；（四）海军衙门的借拨银两。因此海军经费只是其中之一，而且是"借拨"的，并不是"无偿占用"的。"借"的当然该还，从史料上看似乎后来是逐渐还清了。

　　颐和园的工程与所花费的银两，因为资料不全，部分也毁失了，无法计算出正确的数字，评论此事显然困难。不过，工程的总主持负责人还是奕䜣，相信他的筹款方法应该与三海的差不多。支出的金钱总额，虽不可考，但颐和园的工程从光绪十二年底开始，到十四年底因宫中贞度门大火，慈禧认为"不祥"，应该"修省"而大致停工了，因此时间不长，花费必然不会太多。有人说"估计是很难达到三海工程五百九十万两这个水平的"，但也有人说"颐和园工程不会大于一千万两"。

　　我们知道：颐和园的工程自贞度门火灾后是叫停了，但不是完全停工，陆续到甲午战争前后仍有些修补之事。另外，从海军衙门经费中挪借的部分是否真的全用海关税银、土药、厘金等还完，还应该作深入的探究。因此我个人认为中日甲午战争中，清朝海军大失败，虽然不能说是为修颐和园等工程而挪借海军经费所导致，但经费被挪借而多少影响练兵、购船应该还是有的。加上当时社会大背景如统治者的战略决策等主观因素，以及国家财力、军事装备、人员素质等客观因素，可以说战败是有多方面复杂原因的。慈禧、奕䜣二人是该受后人批判的，我个人也很同意。不过我倒有一个想法，想在这里提出，作为大家的参考。慈禧主动要修三海工程，奕譞随后主张修颐和园，表面上都是为皇太后归政后有一处"颐养天年"之所，但是各有深一层的私心。慈禧的修三海是想在离内廷不远的地方营造另一个办公区，从修建仪鸾殿以外的设施便可以看出，如在东朝房后建军机听起值房六间，中海西苑门沿北地区建军机处三所，西苑门外沿南地方添盖领侍卫大臣值班公所，还有内务府大臣值班公所、侍卫房屋等等。这些建设，哪一样属于游逸场所？完全是慈禧想在归政之后还有她的一套办公用地。奕譞想要慈禧远离皇宫，远离政权，到颐和园真正地养老。可见他们二人的想法是有天壤之别的，而结果是叶赫那拉氏打败了爱新觉罗皇室，光绪帝可以说始终在慈禧的控制下生活，没有做到真正唯我独尊的国君。

  如果我们再深入地去看看，慈禧主动修建的三海工程，确实发挥了很大的作用，日后影响清朝命运的不少大事是在这里发生的，如光绪二十年严惩珍妃、贬斥帝党志锐等事；二十四年的戊戌政变，慈禧扼杀变法维新、囚光绪帝于瀛台、捕杀六君子、废除全部新政等事，都是在西苑仪鸾殿中决定与发生的；光绪二十六年，慈禧对义和团的开始镇压、后改为招抚的手段，也是在西苑中做出来的。后来八国联军由大沽口进兵北京时，清廷的对外《宣战诏书》同样地是慈禧在仪鸾殿中发布的。慈禧在西苑的活动还有很多，但就以上所述的几件，相信已足以显示这位皇太后修建三海的历史意义了。

  从以上光绪朝大修三海与颐和园的工程来看，慈禧的心态是非常清楚的，修整园林是为了享用、兴建办公区是为了掌权，也就是说她既要游逸之地，也不放弃政权，她真是一个有着老谋深算头脑的人，也是一个具有穷凶极恶心地的人。

三十七
光绪亲政

光绪帝一天一天地长大了,慈禧心里知道交出政权的日子也愈来愈近了,好在还有训政的借口,政权仍然可以掌握,这是让她觉得宽慰的事。

光绪十四年(公元1888年),载湉已经十八岁了,再不让他这个当皇帝的结婚、亲政实在说不过去,因此慈禧在这一年的六月十九日颁降了一道懿旨,其中有这些文字:

……两年以来,皇帝几余典学,益臻精进,于军国大小事务,均能随时剖决,措置合宜,深宫甚为欣慰。明年正月大婚礼成,应即亲裁大政,以慰天下臣民之望。着钦天监于明年二月内敬谨选择归政吉期具奏。

懿旨中说明得很清楚,慈禧要让光绪帝在第二年的正月结婚,二月亲政。皇帝等待这件事已经很久了,他迫不及待地也发出了一道上谕说:

……兹奉懿旨,于明年二月归政,朕仰体慈躬敬慎谦抑之本怀,并敬念三十年来,我圣母为天下忧劳况瘁,几无暇刻可以稍资休息,抚衷循省,感悚交深。兹复特沛温纶,重申前命,朕敢不祗遵慈训,于一切几务,兢兢业业,尽心经理,以冀仰酬我圣母抚育教诲有加无已之深恩。……所有归政届期,一切应行典礼事宜,着各该衙门敬谨酌议具奏。钦此。

皇帝下令要有关衙门准备一切归政事项,军机处的大官们却在十一月初十日进呈了一份《酌拟归政事宜折》,显然是与光绪帝的心意不合的,该奏折提出皇帝亲政后,"在京各衙门每日具奏折件,……皇上披阅传旨后,发交军机大臣另缮清单,恭呈皇太后慈览;每日外省折报,皇上朱批发下后,……由军机大臣摘录事由,及所奉批旨,另缮清单,恭呈皇太后慈览"。对于各级官员的任命,也要经过皇太后同意,再行降旨宣布。奕䜣与世铎又拟定了一个办事"条目",指明光绪帝可以阅览中外大臣的奏折,但最后必得慈禧的同意,才能公开下诏决定实行。诚如梁启超说的:"然皇上虽有亲裁大政之名,而无其实。一切用人行政皆仍出西后之手。"奕䜣为何进呈这样一件奏章呢?还不是因为他了解慈禧根本无心隐退,他爱子心切,才无奈地又像当初拟定《训政细则》一样,这次又写成了《条目》,给予慈禧操纵政权的依据。

慈禧确实是要掌控一切大权的,连光绪帝大婚的对象她也要干预。

据清末在宫中服务的太监唐冠卿后来回忆说:

光绪十三年冬(时间有误),西后为德宗(指光绪帝)选后,在体和殿,召备选之各大臣小女进内,依次排立,与选者五人,首列那拉氏,都督(应是副都统)桂祥女,慈禧之侄女也(即隆裕)。次为江西巡抚德馨之二女,末列为礼部左侍郎长叙之二女(即珍妃姊妹)。当时太后上坐,德宗侍立,荣寿固伦公主及福晋命妇立于座后。前设小长桌一,上置镶玉如意一柄,红绣花荷包二对，为定选证物（清例，选后中者，以如意予之。选妃中者，以荷包予之）。西后手指诸女语德宗曰："皇帝，谁堪中选？汝自裁之，合意者即授以如意可也。"言时，即将如意授与德宗，德宗对曰："此大事当由皇爸爸主之，子臣不能自主。"太后坚令其自选。德宗乃持如意趋德馨女前，方欲授之，太后大声曰："皇帝。"并以口暗示其首列者（即慈禧侄女）。德宗愕然，既乃悟其意，不得已乃将如意授其侄女焉。太后以德宗意在德氏女，即选入妃嫔，亦必有夺宠之忧，遂不容其续选，匆匆命公主各授荷包一对与末列二女，此珍妃姊妹之所以获选也。嗣后德宗偏宠珍妃，与隆裕感情日恶，其端实肇于此。

这位老太监的回忆未必完全可靠，但是在光绪十四年九月二十八日清宫选秀女后的第七天，即十月初五日，我们看到慈禧发出了两道懿旨，内容和后妃人选有关，与老太监说的差不多。第一道懿旨是："兹选得副都统桂祥之女叶赫那拉氏，端庄贤淑，着立为皇后。"第二道懿旨是："原任侍郎长叙之十五岁女他他拉氏，着封为瑾嫔；原任侍郎长叙之十三岁女他他拉氏，着封为珍嫔。"

皇帝的大婚典礼是在光绪十五年正月二十七日（公元1889年2月26日）举行的，这一天光绪帝头戴珠冠，身穿龙袍，升坐太和殿，受文武百官行大礼叩拜，礼部官员宣读册封皇后的诏书。奉迎正使大学士额勒和布、副使礼部尚书奎润，持节到未来皇后家行奉迎礼，迎皇后凤舆由太和门入宫。他他拉氏二姊妹也被迎由神武门入宫，光绪帝的大婚典礼就这样热闹地完成了。

被选为皇后的慈禧侄女，据说性情温和，为人机敏，受过良好教育。《清列朝后妃传稿》中形容她："后性纯孝，贤明淑慎，工书绘，未尝预外事。"在慈禧御前服务过的女官德龄也说她"总是那样的和蔼可亲"，是一位"温雅可亲的皇后"。光绪帝死后，她在宣统帝继位时晋封为皇太后,上徽号为"隆裕"。

瑾嫔是珍嫔的姊姊,光绪二十年正月,晋封为瑾妃。同年十月,与其妹珍妃一同贬为贵人。二十一年再升为瑾妃。她一生都在委屈求全中度过,因为皇帝、皇后,甚至她的妹妹都不喜欢她,她在做人方面可能大有问题。

珍嫔也在光绪二十年正月晋封为珍妃,颇得光绪帝的宠爱。据说她聪明有学问,有主见,这可能是她们姊妹一同降为贵人的原因。慈禧为了打击皇帝身边结党的人,还特别发布懿旨,内有"皇后有统辖六宫之责,倘后妃嫔等如有不遵家法,在皇帝前干预国政,颠倒是非,皇后严加访查,据实陈奏,从重惩办,决不宽贷"等字样,并命缮写裱装,挂在珍妃的住处景仁宫,以示警告。但是珍妃支持变法,后被圈禁,类似打入冷宫。光绪二十六年,八国联军入北京,慈禧太后出逃时,命太监将她推入井中溺死。

皇帝大婚以后,就表示他已真正地成人,可以亲政了。光绪十五年二月初三日(公元1889年3月4日)举行亲政大典。慈禧在慈宁宫接受皇帝率大臣们的三跪九叩首礼,然后皇帝回宫,随即再去中和殿,接受百官朝拜。自此光绪帝开始正式亲政了。

从以上光绪皇帝大婚与亲政史事看,我们发现有几点是值得深入探究的:

第一,清朝皇帝的后妃向例由选秀女产生,而选秀女有一些行之多年的定制,其中有一项是年龄的问题。按规定秀女须是十三岁至十七岁之间的旗人家闺女,从清朝入关后每个朝代都是切实执行的,无一例外。可是光绪帝大婚时所选的秀女中,叶赫那拉氏竟然已届二十二岁,比皇帝年长了三岁,一则女大于男,二则秀女超过十七岁年龄上限,可以说都是不合格而且违反祖制的。慈禧却硬是选为皇后,主要原因在于她是弟弟的女儿,这么做,使未来皇后是叶赫那拉氏家人,未来国君的血液里含有更多叶赫那拉氏血液的成分。慈禧的私心不言可知。

第二,清朝自入关以后,有几代皇帝是幼年登基的,在这些国君亲政前都有亲贵或重臣来摄政或辅政，如顺治时代的多尔衮、康熙初年的四大辅臣鳌拜等即是。同治、光绪二帝继位后，由母后垂帘听政，已经就显得特殊了，然而他们二人的亲政都比清初的帝王为晚，比如顺治帝六岁继位，由多尔衮摄政，顺治七年多尔衮打猎时猝死，于是顺治帝亲政，虚岁约十四岁。康熙帝八岁继统，十六岁左右肃清鳌拜等党羽势力，随即亲政当了掌握实权的皇帝。同治帝六岁继承大位，十二年后亲政，年纪已届十八岁。光绪帝四岁入宫继皇位，但十五年后才亲政，而且还没有完全当上一位独揽乾纲的国君。慈禧的贪恋政权是同治、光绪二帝不能亲政的真正原因，慈禧的霸道、贪婪心态与行为由此也可窥见一斑。

三十八
帝后党争

　　光绪帝亲政以后只是个有名无实的国君,他不能乾纲独断,像康、雍、乾那些祖先,心中当然有很多不满。每月至少要两三次去颐和园或三海向慈禧"请安"、"听训",朝中重大事务,不论是人事任命,或是奏折裁决,都需要先送"慈览",然后才能遵示降旨施行。这样的皇帝实在像是傀儡,稍有自尊心与奋发心的人,一定都难忍受的。光绪帝身边还有一些"忠臣",他们也为皇帝气愤,尤其是一批敢言的清流派,难免有人要替皇帝鸣不平。像御史安维峻就曾上疏指责过慈禧,说:"皇太后既归政皇上矣,若犹遇事牵制,将何以上对祖宗,下对天下臣民?"这批拥护皇帝的人,渐渐多了,而且集合成了力量,被人称为"帝党"。

　　在帝党中最有地位与权力的人首推翁同龢,他曾是同、光二帝的老师,尤其与光绪帝朝夕相处了二十年,皇帝对他的学问、清廉、负责各方面都很敬仰,也很信赖。亲政后处理军国大政时,"每事必问同龢,眷倚尤重"。翁同龢本来是慈禧手下的人马,让他去为光绪帝课读当然是希望把小皇帝训练成一个孝顺、服从、绝对听命于慈禧的人,结果光绪帝却以他的老师为帝党的主要领袖,对慈禧而言,实在是痛恨之极的。翁同龢也知道自己与光绪帝亲近，将身陷这场政争漩涡之中，这样对本人不利，必招致慈禧的猜忌，也有碍于他为光绪帝运筹国家大事。他曾无奈地写下这些文字："讲帷职事，仅有数刻。最难处者，于枢臣见起之先，往往使中官笼烛宣召。及见，则闲话数语而出。由是同官侧目，臣亦无路可以释疑，尝叩头奏：'昔闻和珅曾如此，皇上岂欲置臣于死地耶？'终不能回，亦奇事也。"不论翁同龢以和珅作比喻恰不恰当，但虽叩头求免，终无法拒绝光绪帝的宣召，他们的过从甚密应该是事实。

除翁同龢外，军机大臣李鸿藻、工部尚书汪鸣銮、长麟、珍妃的堂兄志锐、珍妃的老师文廷式、经筵讲官李文田、侍读学士陆宝忠等人，都倾向皇帝，成了帝党的重要成员。在这些人当中，可能是因为珍妃的关系，光绪帝很器重志锐与文廷式。不过总的说来，帝党人士在当时多是无权的御史、翰林一类的中级官员，实力不算强大。

反观慈禧太后的一边，很多守旧大臣，不是慑于她的淫威，就是受利禄之诱，对她表示了彻底的忠心。这些所谓的"后党"人中，有控制军机处的大臣孙毓汶、徐用仪等等，有权重位高的北洋大臣李鸿章，如果再加上后来被慈禧任命的负责京城安全的九门提督荣禄，可见内外大权都被慈禧控制了。帝后党争的未来由此也早已注定了。

光绪与慈禧为争夺政权而聚结、形成了帝后两党，在初期还只是就皇位、皇权等事作理论上的争辩，等到现实问题发生时，如后宫珍妃"叛逆"、慈禧六旬庆典、中日甲午战争等等，帝后两党的斗争乃趋于白热化了。

慈禧庆祝自己六十大寿，宫中人等也沾了光，瑾嫔、珍嫔姊妹二人也升级为妃。珍妃年轻活泼，思想不守旧，据说她在光绪帝退朝还宫时，常扮出男装像似美少年差官，陪侍君侧。她又工翰墨，会下棋，因而得到光绪帝的专宠。宠珍妃当然就冷落了皇后，慈禧闻讯后，当然对珍妃怀恨。正好珍妃为皇帝筹钱，让太监与家人在宫外联络卖官，这又跟慈禧的利益有了冲突，因此在光绪二十年（公元1894年）十月底，震惊朝廷的大事发

生了。翁同龢在日记中写道:

> 皇太后召见枢臣于仪鸾殿,先问旅顺事,次及宫闱事。谓瑾、珍二妃有祈请干预种种劣迹,即着缮旨降为贵人等因。臣再三请缓办,圣意不谓然。是日,上未在坐,因请问上知之否?谕云:"皇帝意正尔!"命即退,前后不及一刻也。

不久,光绪帝也降了谕旨,文中有:

> ……本朝家法严明,凡在宫闱,从不准干预朝政。瑾妃、珍妃承侍披廷,向称淑慎,……乃近来习尚浮华,屡有乞请之事,……若不量予儆戒,恐左右近侍,藉为夤缘蒙蔽之阶,患有不可胜防者。瑾妃、珍妃均着降为贵人,以示薄惩而肃内政。

瑾妃、珍妃封妃不到一年,又连降两级为贵人,岂是"薄惩"?同时更可怕的是,据清宫现存的珍妃病案看来,她在降级的同时,似乎遭到了体罚"杖责",太医院御医张仲元记珍妃最严重时,"六脉沉伏不见,……抽搐气闭,牙关紧急,周身筋脉颤动"。第二天更一度"人事不省"。三天后还"胸膈烦闷,两胁串痛"、"有时恶寒发烧,周身筋脉疼痛"。梁启超所谓的"褫衣廷杖"像似可信了。前文我提到慈禧另缮写裱装懿旨,警告珍妃不得干预国政的事,禁牌就是在此时悬挂的。

光绪二十年,慈禧六十大寿,她想为自己办一次风光、宏丽庆典,来满足她的虚荣心。不料日本人就在这年发动了侵华战争。李鸿章心里很清楚,"日知今年慈圣庆典,华必忍让,倘见我将大举,或易结束,否则非有所得,不能去也。"不过,为了讨慈禧的欢心,他站在慈禧一边主张和议。中日开战以后,帝党的成员,特别是文廷式,不避利害,不怕慈禧淫威,联合了几十人上书,力主对日作战,并大胆地提出停办庆祝六十大寿各项节目,希望把庆典点景经费,用作军费来抵御外侮,他们认为:"羽书旁午时,为此娱目骋怀,似与哀惧之意相背,将何以申警将士,振发庸愚?"这简直是向慈禧宣战了!

另外,中日甲午战争爆发后,帝党官员想打垮军机大臣中很得慈禧支持的孙毓汶。孙敏汶是慈禧一手提拔的,此人善于运用权术、善于钻营。他看出慈禧想欢庆生日的心意,极力避免战争,让国内有个安定的环境,有着欢愉的气氛,因此对光绪帝主战的主张,根本不理。志锐等人即发动严厉的纠参行动,上奏说:"方日人肇衅之时,天下皆知李鸿章措置之失,独孙毓汶悍然不顾,力排众议,迎合北洋;及皇上明诏下颁,赫然致讨,天下皆闻风思奋,孙毓汶独怏怏不乐,退后有言,若以皇上为少年喜事者。查该大臣于中外情形,华洋交涉,素不留心,而专愎成性,任意指挥,不顾后患。……应将孙毓汶罢斥,退出军机,朝政必有起色,军事必有转机。"

文廷式、志锐等人对后党攻击,虽然一时获得时人的赞赏,甚至也令慈禧在生日庆典筹办事务上受到了限制。但是帝党是否得到胜利呢?确实大有问题,因为文廷式后来还是遭到后党官员的弹劾,革职永不叙用。志锐的下场是革职、充军到边疆乌里雅苏台,宣统后才重返政坛。

帝后党争并没有就此停止,甚至后来也没有随着光绪与慈禧的辞世而走进历史!

三十九 甲午战争

光绪二十年，岁次甲午，这一年是慈禧太后六十大寿的佳期，但是这一年也发生了中日甲午战争。

传统中国人很重视庆祝整寿，尤其是盛世的明君，像康熙帝六十大寿时臣工们为他举办了盛大的庆贺活动。乾隆帝七十岁时也有规模宏大的庆典。慈禧自以为她对国家朝廷的功绩不亚于康、乾那些祖先，理应大肆欢庆一下。再说二十年前她四十岁生日时，亲生儿子同治帝死于天花，主客观环境都不容许她办庆贺的大典。十年前，五十岁生日，又碰上中法战争，加上与恭亲王奕䜣等人的斗争，实在无法快乐地来办生日宴会与盛大的庆典活动。六十岁花甲大寿即将届临时，她自己与后党人士都想要热烈庆祝一番，却没有预料到日本竟发动战争，又大煞风景。

慈禧太后在中国掌权的时候，邻邦日本也在东亚崛起。同治六年（公元1867年）底，明治天皇下诏维新，废藩置县，结束割据局面，国力日见强大，也开始向外侵略了。同治十年，中日签订《天津修好条约》十八条、《通商章程》三十三款，中国没有答应日本通商内地及享受最惠国待遇，日本深感不满。同治十三年，日军攻台湾。光绪五年（公元1879

年），日本吞并琉球，助长了其侵华的野心。光绪十一年，慈禧更批准了李鸿章与伊藤博文签订的《天津条约》，承认日本对中国属邦朝鲜有了共管大权。光绪十九年，朝鲜全罗道农民发动民变，在东学党人领导下提出"逐灭夷倭"、"尽灭权贵"等口号，他们的起事很快地波及到全国。朝鲜国王李熙（高宗）请宗主国中国出兵平乱，日本也乘机派兵登陆朝鲜。但是乱平之后，日本不仅不撤兵回国，反而增兵占据汉城（现称首尔）。中国领军的直隶提督叶志超退驻牙山，请求北京增兵，李鸿章却以"慈圣庆典"为由迟不出兵。驻朝鲜商务总办袁世凯见事不妙，托病回国。日军遂控制朝鲜王宫及政府，并向驻朝鲜清军发动袭击，击沉中国运兵船"高升"号，然后挥师北上，占领平壤。战火迅即燃烧到了中国的边境。

消息传到北京，帝党官员纷纷疾呼抗日，翁同龢主张"大张挞伐"，文廷式喊出"有争无耻"，张謇高喊"进兵"，志锐强调"一误再误，则中国从此无安枕之日"。慈禧在战争初起之时，以为日本是个蕞尔小国，不足畏惧，同意光绪帝的主战说法，因而清廷在七月初一日对日宣战。随着前线败讯的不断传来，慈禧又想到自己生日庆典的筹备，她转而支持李鸿章等人的避战求和策略了，从此在战或和的问题上与光绪帝意见相左。她希望李鸿章尽快与列强联络，用"以夷制夷"的办法结束战争，好让庆典能照旧进行。慈禧态度的改变，也影响到了军机处的大官们，孙毓汶、徐用仪一批人更强力推动早日结束战争，翁同龢、李鸿藻等支持光绪帝的则仍主张作持久战斗，双方产生了严重的分歧，也加深了党争的力度。

到中日黄海大战，北洋海军惨遭败绩之时，朝野哗然，大臣们纷纷提出建言，大家都认为不能再忙庆典而不顾国家的利益，慈禧的压力当然也随之增加了，她虽不甘心，但也不得已作了以下几项宣布：

八月二十二日懿旨：现当用兵之际，必应宽备饷需。除饬户部随时指拨外，着由宫中节省项下，发去内帑银三百万两，交户部陆续拨用，以收士饱马腾之效。

八月二十六日懿旨：……兹者庆辰将届，予亦何心侈耳目之观，受台莱之祝耶？所有庆辰典礼，着仍在宫中举行，其颐和园受贺事宜，即行停办。

八月二十九日懿旨：一切点景俱暂停办，工程已立架油饰者不再添彩绸。

不仅如此，慈禧还表面像似顺应帝党的意思再度起用了恭亲王奕䜣，"着管理总理各国事务衙门事务，并添派总理海军事务"，又命令他"在内廷行走"，"督办军务，所有各路统兵大员，均归节制"。恭王被慈禧逐出政坛已十年了，大家都希望他东山再起后能有所作为，能影响牵制慈禧。但是奕䜣毕竟老了，少年锐气全没有了，一切事务他都以慈禧之意为主，不敢越雷池一步，加上老弱多病，他随着后党，主张求和。有人说："恭邸再起，依违两可，无多建白。"这是事实。

同时慈禧的表现显然是敷衍大臣与民众的，因为从九月下旬起，诸王大臣以及各省官员呈进的"圣寿节"贺礼贡物，便一车车、一箱箱地运到内宫来了。十月初一日开始，内外臣工"穿蟒袍补褂一月"，隆重地为皇太后贺寿。

十月初十日是慈禧的生日，她一早就去宫中各处拈香行礼，后来到皇极殿升宝座，礼部堂官引光绪帝到她面前跪进表文，然后率诸王大臣等行三跪九叩礼。行礼后慈禧还宫，接受皇后、瑾妃、珍妃等参拜大礼。接着，慈禧再乘坐八人花杆孔雀顶轿到阅是楼内，降舆，光绪帝率后妃等跪迎、进膳、进果桌、看戏。一切活动终了后，她坐着八人大轿回乐寿堂，度过快乐生日的时光。往后的几天之内，宫中还有贺拜、大宴与演戏的节目，而此时也是辽东半岛南部大连等地失陷的时候。

随着北洋舰队的覆灭，辽东半岛、刘公岛等地的陷落，慈禧不顾光绪帝的反对，命令已被"拔去三眼花翎，褫去黄马褂"的李鸿章再出，负责与日本议和。李鸿章在同年十一月下旬，赏给天津海关税务司德国人德璀林（Gustav von Detring）头品顶戴，派他为代表到日本谈和，日本内阁总理大臣伊藤博文嫌他地位不高，拒不接见。十二月底，慈禧又命总理衙门大臣、户部侍郎张荫桓及兵部右侍郎、湖南巡抚邵友濂二人为专使，赴日本求和。伊藤还认为他们没有全权，拒绝跟他们开议。日军在此期间又加紧攻击澎湖与威海卫。慈禧见情势日趋险恶，最后命李鸿章为全权大臣赴日谈判。李鸿章在日本马关的春帆楼与伊藤以及日外相陆奥宗光谈和约的事，前后经历了近一个月的时间，才签订了丧权辱国的《马关条约》。这个条约内容包括割让辽东半岛给日本；割让台湾及澎湖列岛给日本；赔偿军费二万万两；开长江内河沙市、重庆以及苏州、杭州为商埠，日船可以在各埠间航行，日商可以在各商埠设工厂等等。还有一项也是很重要的，就是承认朝鲜"完全无缺的独立自主"，从而断绝了中韩五百年来的宗藩关系，更彻底地毁坏了中国的封贡制度。割让台湾、澎湖与辽东，助长了各列强进一步侵有中国领土的野心。赔偿军费二亿两，迫使中国大举借贷外债，从此列强扼制了中国财经命脉。日本在中国各口岸从事各项工艺制造、进口机器，开启了日后列强竞相攫夺设厂权、采矿权、筑路权的先声，为列强对中国资本输出提供了有利的与合法的条件。更可怕的也是更严重的是《马关条约》为中国招来了瓜分之祸。

　　签订《马关条约》的消息传到北京，举国为之震动。京城掀起抗议怒潮，大小臣工，"章疏条陈，流涕谏阻"；"市肆行人，聚谈偶语，咸惴惴惧和议；臧获仆隶，皆裂眦切齿"。光绪帝也万分震怒，相当同情百姓们的"拒和迁都，毁约再战"的心声。据说孙毓汶等请他用印，以示同意批准条约时，他说："条约要割台湾，而台湾一割，天下人心皆去，朕何以为天下主？"后来他提出了"应先请太后懿旨，再作定夺"的托辞。他想把球推到慈禧手里，让她负责，遂派军机大臣偕庆亲王奕劻求见慈禧。没有想到老太后棋高一着，她命内监传旨："今日偶感冒，不能见，一切请皇帝旨办理。"隔日再传旨："和战重大，两者皆有弊，不能断。令枢臣妥商一策以闻。"球又回到光绪帝的手上了。几天之后，慈禧与奕䜣都已"意有所归",决意签约,光绪帝也只好批准了。当天他召见军机大臣后回到自己的书房毓庆宫,见到老师翁同龢时,师生二人彼此"战栗哽咽"、"相顾挥涕",有痛不欲生的感觉。

现代学者发现杨锐写给沈曾植的一封密札,文中有:

> 今晨军机散值,孙(毓汶)、徐(用仪)即呼章京之书法敏捷者,急缮电报,与伍廷芳(伍氏为清廷换约大使),一切照原议换约,并闻恭邸云:"三国来电,意见亦不同,将来恐生枝节,不如仍旧为便。"此大栈要人通内取长信之旨,胁为此言耳。……

文中"三国"指俄、德、法三国,清廷原想请他们出面对付日本,显然不能做到"以夷制夷"了。于是"长信"有旨决定签约了。"长信"一词源于汉代的"长信宫",为皇太后所居,这里是隐指慈禧。可见在不少朝野人的反对声中,在光绪帝不愿批准条约时,慈禧做了最后决定,签订了《马关条约》。

四十
维新与政变

《马关条约》签订后,翁同龢虽与皇帝"相顾挥涕",但他仍振作精神,向皇帝推荐了陈炽的《庸书》和汤震的《危言》,希望藉此启迪光绪帝的探求救亡之道,让其感染更多的新思想。

光绪帝也不负他的厚望,不久便下达了朱笔谕旨,让所有内阁大学士、六部九卿翰詹科道等官阅看,文中有:

> ……兹当批准定约,特将前后办理缘由,明白宣示。嗣后我君臣上下,惟当坚苦一心,痛除积弊。于练兵、筹饷两大端,尽力研求,详筹兴革,勿存懈志,勿骛空名,勿忽远图,勿沿故习,务期事事覈实,以收自强之效,朕于中外臣工,有厚望焉。

当然在大败之后,光绪帝强调的重点还只在"练兵、筹饷两大端",也就是增强战斗力方面。新思想、新认识等似乎还没有在他的心中占有什么地位。

"自强"的问题其实早在鸦片战争之后就在清廷上下被讨论了。中法战争结束，这种改良思想，更形成了一种思潮，主张变法自强的人愈来愈多。甲午战争之后，大家"触景伤时"，力主变法的人，便有出面推行这项运动的了。在朝廷中翁同龢可称是重要的代表，在野的以康有为活动得最出力。康有为是广东南海人，出身于一个小官僚家庭，但他的思想并不守旧，在光绪十四年（公元1888年）他就上书主张变法，其后又写成了《新学伪经考》、《孔子改制考》，宣传变法主张。光绪二十一年，他在京城应试，正值《马关条约》初签之后，他组织了一千二三百名举人，联合上书，即著名的"公车上书"事件，主张处分签约的官僚，拒绝批准条约，迁都西安，"练兵强天下之势，变法成天下之治"。

光绪二十三年十一月至二十四年春夏间，俄、德、法三国以干涉日本还辽"有功"，分别强占了旅大港、胶州湾与广州湾，英国又趁机强占了威海卫和九龙，民情大愤。十二月，康有为于是第五次上书，呼吁变法，并指出光绪帝亲定大政才是上策，显有攻击慈禧之意。

光绪帝得到这些信息之后，心中也非常激动，他"日夜忧愤，益明中国致败之故，若不变法图强，社稷难资保守，每以维新宗旨商询于枢臣"，变法维新显有推行之势。

然而光绪帝不是一个能独断独行的皇帝，他确实受制于慈禧，尤其是如此重大的事务。没有想到他向皇太后请示时，慈禧竟表示了支持和了解，还说出"变法乃素志"，当年她不是也赞成曾国藩等派人留学、造船制械的富强改革新政吗？不过她也明确地指出，变法不能违背祖宗大法，也不能不顾满洲权益。当然这也表明了不能侵犯到她的权位与既得利益。

光绪二十四年正月初三日（公元1898年1月24日），朝廷还在放年假期间，光绪帝就命总理各国事务衙门召见康有为，询问变法之宜。康有为被请到总署西花厅去"问话"，在座的有翁同龢、李鸿章、荣禄、廖寿恒、张荫桓五人。荣禄首先发难，说："祖宗之法不能变。"康有为立即反驳说："祖宗之法，以治祖宗之地也，今祖宗之地不能守，何有于祖宗之法乎？即如此地为外交之署，亦非祖宗之法所有也。因时制宜，诚非得已！"廖寿恒接着问:"宜如何变法?"康有为很有自信地回答:"宜变法律,官制为先。"李鸿章提出强烈质疑:"然则六部尽撤,则例尽弃乎?"康有为语气坚定地说:"今为列国并立之时,非复一统之世,今之法律官制皆一统之法,弱亡中国,皆此物也,诚宜尽撤,即一时不能尽去,亦当斟酌改定,新政乃可推行。"翁同龢是户部尚书,自然以筹款问题相询。康有为乐观以对:"日本之银行纸币,法国印花,印度田税,以中国之大,若制度既变,可比今十倍。"另外针对政治、经济、文化、军事等方面,康有为也尽情阐述意见,将他酝酿已久的变法方案和盘托出。据说当天的谈话直到天黑才结束。

由于翁同龢的大力再推荐,康有为在皇帝心中以及在朝廷的地位都更加重要了,而翁同龢也益发成为皇帝的依恃人物,推行新政的思想与实践文本的《明定国是诏》,皇帝也是命令翁同龢撰写。慈禧从后党人士获得了消息,特别是同年四月二十日慈禧召见奕劻、荣禄、刚毅等人时,三大臣伏地痛哭,并说"皇上天性,无人敢拦"。又说"一切只有翁同龢能承皇上意旨"。慈禧本来就觉得光绪帝"近日任性乱为"了,经三大臣的哭诉,对皇帝的不满有增无减,对翁同龢也就更憎恶了。

四月二十三日(公历6月21日),皇帝颁降了《明定国是诏》,不久之后又听从康有为的建议,赐梁启超六品衔,主持办大学堂和译书等事。又赐谭嗣同、刘光第、杨锐、林旭四品卿衔,当军机章京,批阅奏折,拟写谕旨,变法维新由此推向了高潮。从颁发《明定国是诏》到同年八月初六日,总计一百零三天当中,康有为、谭嗣同等帮皇帝下达了一百一十多道上谕,主要内容有:

(一)文化、教育和思想方面,宣布废除八股,改革科举制度;开设经济特科,选拔科技人才;设立京师大学堂,各省书院改为中学与西学兼授的学堂,并在各地筹办铁路、矿务、农务、医学等专门学堂,学习西洋先进科学,派人出国游学、游历考察,奖励发明等等。

(二)财政、经济方面,宣布改革财政,编制预算,保护并奖励工商业、筑铁路、开矿产、办邮局、撤驿站等等。

（三）军事方面，宣布精练陆海军队，采用新法，八旗军一律改习洋枪，按照西洋兵制，更新章程，认真操演。枪弹炮弹统一规格，各省增加水师学堂招生名额。

（四）政治方面，宣布改订制度、精简机构、裁汰冗员，裁撤皇家事务的机关詹事府、光禄寺、鸿胪寺、太常寺、太仆寺、大理寺及通政司等衙门。另外对于总督、巡抚及盐道、水利等官也作了一些改革。

以上只是荦荦大者，显然已经伤害到守旧人士特别是后党的利益，因此有人上书请求将康、梁等人立刻处死，也有人跪在慈禧面前，请求太后重新出来训政。至于慈禧本人，动作就更激烈了，她在光绪帝下诏变法后的第四天，逼着皇帝下了三道朱谕：（一）革翁同龢户部尚书职，说翁尚书"近来办事，多未允协，以致众论不服，屡经有人参奏"，而且"每于召对时，咨询事件，任意可否，喜怒见于词色，渐露揽权狂悖情状，断难胜枢机之任"，为了保全他，开缺后回老家。（二）新授二品大员，必须到太后那里谢恩，实际上是必得太后批准才可。（三）授兵部尚书荣禄为直隶总督兼北洋大臣。透过这三道谕旨，可以说慈禧真正并合法地取得了朝廷人事任免权、京城防卫权以及全国的兵权。

慈禧重用了荣禄，紧握兵权，并计划在秋天带皇帝去天津阅兵，届时发动兵变，废掉光绪帝。同时又调来聂士成的军队控制袁世凯的新军。董福祥的军队进驻北京郊区的长辛店，加强京城军力。光绪帝了解严重情势后，给杨锐下了密诏，指出慈禧不愿变法，并说"朕之权力，实有未足"，"朕位且不能保"，"尔等与林旭、谭嗣同、刘光第妥速筹商"，"设法营救"。又亲书密诏一道给林旭转给康有为，令"迅速出外，不可延迟"，以便"将来更效驰驱，共建大业"。谭嗣同等都是书生，捧诏相商毫无结果，因此谭嗣同便去找袁世凯协助，没有想到袁世凯反出卖了他。为了讨好，袁世凯还向荣禄告密，说帝党要带兵冲进颐和园，"在乱兵中结果太后的生命"。荣禄赶回颐和园报告慈禧，八月初六日乃有宫中政变。

慈禧当天即以皇帝名义下诏称自己（光绪帝）生病，由她"临朝听政"。皇帝自此即成为瀛台的"囚犯"，皇帝的爱妃珍妃则被禁锢在御花园东北角的一间小屋里，过着打入冷宫的生活。慈禧又同时下令废除新政，只保留了京师大学堂。对于变法的主要推动人，立即捕杀无赦。"百日维新"宣告失败。

八月十三日，谭嗣同、刘光第、杨锐、林旭、杨深秀与康广仁（康有为之弟）六人，被斩首于宣武门外的菜市口，史称"六君子"。康有为先前逃到天津，搭英商轮船到上海，后由英国军舰护送至香港。梁启超则在日本人的掩护下，化装逃往东瀛。他们二人算是幸运的了。

帝党的人彻底地被击败了，翁同龢在家乡江苏常熟被管制，积极推行新政的湖南巡抚陈宝箴以及其他四十多位官员，都通通被革职，真可谓赶尽杀绝。反观后党的重要成员，荣禄升任"军机大臣上行走"，裕禄当上了直隶总督，袁世凯从直隶按察使连升至护理直隶总督，李鸿章也重新起用为商务大臣、两广总督。甚至连太监李莲英在政变后都"青云得步树"，他后来死时，有人说他的"庆典如同勋"，存留的财产有说竟达白银三百余万两之多的。

光绪二十四年，岁次戊戌，因此这一年清宫中的政变，史称"戊戌政变"。变法失败了，政变成功了，慈禧太后也成为唯我独尊的女主了。

四十一
己亥建储

戊戌政变之后，光绪帝就被慈禧囚禁在西苑的瀛台了。瀛台是一处四面环水的小岛，只有一座木桥可以外出，慈禧命太监严密看守，皇帝根本无法离开。据内务府《记事档》光绪二十四年十一月十九日条记：

> 瀛台周围沿边河面，现已冻冰，急派人赶紧打开一丈余尺，务见亮水，并由明日起派拨人夫进入镩打，不准冻上。

据说光绪帝曾想利用湖面结冰时逃跑，慈禧闻报后才命内务府派人破冰，使他无法履冰上岸。可怜的皇帝不仅失去了政权，也失去了人身的自由。

然而，慈禧仍不以此为满足，她想到光绪帝存在一天，她就感到一天有压力，因为皇帝毕竟是皇帝，而且皇帝还年轻，她自己年过花甲了，未来变化也多，很令她烦恼与担忧。再说"训政"不比"垂帘听政"，而光绪帝已成年并亲政了，当然不可能有再一次垂帘的可能。慈禧为处理光绪帝未来的事颇费思量，终于想出一个方法来，她在政变后第四天，即八月初十日，以皇帝名义发布了一道上谕说：

> 朕躬自四月以来，屡有不适，调治日久，尚无大效。京外如有精通医理之人，即着内外臣工切实保荐候旨，其现在外省者，即日驰送来京，毋稍延缓。

发布这道上谕以后，宫中还不断公布御医们为皇帝看病的脉案与药方，"传示各衙门"，好像让天下人都知道光绪帝确实病重，不久于人世了，慈禧实际上在制造皇帝将要归天的气氛，至少也足以为废黜皇帝先作出舆论。这些消息传布开来之后，由于不久前发生政变，又杀害了很多主张变法的帝党成员，一时人心汹汹，大家都猜测皇上性命将不保，对慈禧如此狠毒地对待光绪帝，心有不平。这时有一位候选知府名叫经元善的商人，"在上海联合海外侨民，公电西朝（指慈禧），请保护圣躬。"外国驻华使节也考虑到他们自身的利益，纷纷出面干涉了，因为他们觉得慈禧是保守排外的，不如开明想变法的光绪帝好，他们都向总理衙门提出了交涉。

这时慈禧正在制造皇帝病重的假象，又在大臣面前折杀皇帝的尊严，说他跟着康有为搞变法是"任意妄为"，还命令皇帝长跪，训斥道："汝何昏愦，不肖乃尔！"慈禧大摆威风之时，竟然有经元善的致电与外国列强干涉，很令她生气，于是更加强了她废黜光绪帝的决心。经元善虽被她下令捕拿，但外国使节不是那么容易应付的。首先英法两国使臣向总理衙门推荐他们的外国医生为皇帝看病，慈禧两度不准，后来洋人摊牌了，说道：

> 荐医者非为治病吃药，缘贵国此番举动离奇，颇骇所闻，各国国家商定验看大皇帝病症，为解释群疑，已奉国家之电，不能不看。

慈禧不敢得罪外国，九月初四日，法国使馆的医官因而能到瀛台为光绪帝诊察病情。据现存的档案可知：法国医生名叫多德福（Claudius Detheve），他是由端郡王载漪、庆亲王奕劻及军机大臣等一同陪着去看诊的，光绪帝先为医生准备了一份《病原说略》，又简单地提示自己有"身体虚弱，颇瘦，劳累，头面皮白，饮食尚健，消化滞缓，大便微泄色白，内有未能全化之物，呕吐无常，气喘不调，胸间堵闷，气怯时止时作"等症状。根据这份自述，可以看出他可能有病，但绝非病入膏肓的情况。法国医生为光绪帝听诊化验后，也留下了当时他的判断文字：

> 肺中气音尚无异常见症，而运血较乱，脉息数而无力。头痛，胸间虚火，耳鸣头晕，似脚无根，加以恶寒，而腿膝尤甚。自觉指木，腿亦酸痛，体有作痒处，耳亦微聋，目视之力较减，腰疼。至于生行小水之功，其乱独重。一看小水，其色淡白而少，迨用化学将小水分化，内中尚无蛋青一质，而分量减轻，时常小便，频数而少，一日之内于小便相宜，似乎不足。

据法国医生的说法，"腰败"是光绪帝的百病之源，西医称为腰火长症（即肾炎），"至于施治之法，总宜不令腰过劳累，而能令渣滓合小水同出之"。养身最好的方法是多喝人奶或牛奶，每日摄取量约六斤左右，并在牛奶中加些许辣格多思——乳糖。若服药，"则用外洋地黄末（即毛地黄，可利尿消肿），实属有功"。遇腰疼时，"干擦可安痛楚；西洋有吸气罐（疑拔罐），用之成效亦然"。如此数月治疗，"病身大愈"是可期的。

法国医生为光绪帝看诊之后，外国使团以及国内很多人知道了皇帝人还健在，虽有毛病，但不是不治之症。慈禧若想藉皇帝病死或病重为理由，找别人来当新君或废黜他是很难做到了，因此有了为同治帝建立新储君的想法，据恽毓鼎《崇陵传信录》中记：守旧大臣崇绮、徐桐等人草拟了奏折，企图邀得废黜光绪帝的首功。荣禄闻讯后，在一次单独与慈禧见面时，向慈禧报告了外间的观感，以下是他们的对话内容：

荣相……问太后曰："传闻将有废立事，信乎？"

太后曰："无有也，事果可行乎？"

荣曰："太后行之，谁敢谓其不可者！顾上（指光绪帝）罪不明，外国公使将起而干涉，此不可不慎也。"

太后曰："事且露，奈何？"

荣曰："无妨也。上春秋已盛，无皇子，不如择宗室近支子，建为大阿哥，为上嗣，兼祧穆宗，育之宫中，徐篡大统，则此举为有名矣。"

太后沉吟久之曰："汝言是也。"

事实上，当时除列强出面干涉的压力，地方大员也有不利于慈禧的声音传来。如两广总督李鸿章就说："各国驻京使臣，首先抗议；各省疆臣，更有仗义声讨者。无端动天下之兵，为害曷可胜言。"两江总督刘坤一也说："君臣之义已定，中外之口难防。"根本就是警告慈禧不可轻举妄动。不过慈禧也知道自己权力极大，"太后行之，谁敢谓其不可者"，她稍稍改变了原有的计划，以光绪帝"身有痼疾，难于诞育"为辞，改立端郡王载漪之子溥儁为大阿哥，她可以说接受了荣禄的建议。这一年岁次己亥，史称"己亥建储"。

慈禧为什么看上载漪的儿子溥儁呢？这其中也是有原因的。一是载漪系惇亲王奕誴之子，奕誴与咸丰帝是兄弟，算是近支，奕誴又一直帮慈禧的忙，特别是辛酉政变时，"有隐德于太后"。二是载漪兄弟在戊戌政变中"告密于太后"，故"太后尤德之，使掌虎神营"。三是载漪的福晋（太太）是承恩公桂祥的女儿，亦即慈禧的侄女，与隆裕皇太后是姊妹。

她聪明伶俐,"雅善词令",且日侍慈禧左右,与慈禧的关系很亲。四是溥儁年仅十四岁,其他溥字辈的都在十八岁以上,以他们来当储君,慈禧不能问政了。溥儁做继承人,至少还有三四年可以掌握政权。基于以上种种因素,慈禧迫令光绪帝颁下谕旨,文中有:

……且追维入继之初,恭奉皇太后懿旨,俟朕生有皇子,即承继穆宗毅皇帝为嗣。此天下臣民所共知者也。乃朕痼疾在躬,艰于诞育,以致穆宗毅皇帝嗣续无人。统系所关,至为重大,忧思及此,无地自容。诸病何能望愈,用是叩恳圣慈,于近支宗室中慎简元良,为穆宗毅皇帝立嗣,以为将来大统之归。再四恳求,始蒙俯允,以多罗郡王载漪之子溥儁承继为穆宗毅皇帝之子。钦承懿旨,感幸莫名。谨当仰遵慈训,封载漪之子溥儁为皇子,以绵统绪。将此通谕知之。

光绪二十五年十二月二十四日(公元1900年1月24日),慈禧正式宣布溥儁为大阿哥,但是在北京的各国使臣都未来道贺,大家有意表示不承认溥儁继承人的地位。

溥儁既然被清廷公开以盛大典礼立为大阿哥,他成了同治帝的皇子,与同治帝同一辈的光绪帝便变为多余的了,光绪帝的地位摇摇欲坠。不过,溥儁"不乐读书",入宫后连太监都看不起他,"众皆狎玩而厌恶之"。八国联军攻进北京时,慈禧也带着他逃往西安,但在回銮期间,于光绪二十七年十月二十日(公元1901年11月30日)途经开封时,慈禧发下了懿旨称:"溥儁着撤去大阿哥名号,并即出宫,加恩赏给入八分公衔俸,毋庸当差。"

"己亥建储"就这样收场了。

四十二
义和团

光绪二十六年（公元1900年），中国发生了翻天覆地的义和团与八国联军的大事件。华北很多地区到处混乱，京城也被外国军队攻陷了，慈禧与光绪帝狼狈地西奔逃难。这些动乱造成了中国人民生命及财产的巨大损失，清朝也因此更进一步走向了覆亡。现在先来谈谈义和团事件。

为什么会发生这样的不幸事件呢？当时人恽毓鼎说：

> 甲午之丧师，戊戌之变政，己亥之建储，庚子之义和团，名虽四事，实一贯相生，必知此而后可论十年之朝局。

由此可见，义和团不是偶然发生的，而是与中日战争、维新、政变、建储等事有关的，或者可以说与慈禧仇恨洋人有关。慈禧的仇外，可以从两个方面来看：一是她的自身遭遇。自从她入宫后，就碰上英法联军，她随咸丰帝逃难到热河，咸丰帝后来死在异乡，对她来说真是家破人亡。其后她与恭亲王奕䜣斗争、废黜光绪帝以及立溥为储君等事都遇到列强的干预，使她不能如愿成功。更令她不乐的是她想大办庆典欢度花甲大寿时，竟爆发了甲午战争，正如五十大寿遇上中法战争一样，真是扫兴到极点。还有戊戌政变后洋人又帮助康有为、梁启超脱逃，并保护他们在海外对她口诛笔伐。这一切都令她想到洋人似乎是天生与她为敌的。另一方面她仇外是因为列强的侵华，不说鸦片战争与英法联军等役，从中国获得很多权益，就是她听政与训政期间，也不断地使中国丧权辱国。身为执政的人，当然会仇外的。

义和团事件还有别的原因，例如：多年以来，由于列强与他们的文化来到中国之后，中国农民受到的影响很大，加上工业化使中国农村社会转型，使农民从自然经济与宗法社会走向现代化。还有西洋传教士与教民"嘲弄侮詈"传统中国人的信仰崇拜。开矿筑路惊扰人民的祖先与神明，农民对洋人的反感是可以想见的。五口通商与在内地设厂生产货物，使中国商品与农村手工业品失去竞争能力。在大量洋货倾销下，本土商业几乎要走上绝路，商人怀恨洋人是必然的。本来政府官员是应该保护人民的，但是洋教、洋商有他们的外交与军事为靠山，使得中国官员畏惧三分，只能倒行逆施压迫自己的同胞，这是人民既仇外又恨官的原因。从以上的简单叙述，我们不难看出当时中国农民、商人、劳工以及一般平民中确有不少人都把国家受屈辱、生活不如前归咎于洋人了，仇洋排外是自然的事。

中国华北农村，人民生活比较清苦，而民性又刚烈，地方不安的事就明显突出了。山东一省更是可怕，从光绪二十二年开始，曹县、巨野、寿张等地，人民在洋人与官员的双重欺压下为了自救，就在地方性秘密结社的基础上，发展了若干个设厂练拳的组织，这就是义和拳的由来。他们组织严密，有在上的老祖师，大师兄、二师兄，以及下设的总办、统领、打探、巡营等等名目。战时十人一班，设班长。十班为一大队，设百长。又将妇女编成红、蓝、黑、青不同的"灯照"，因而不少男女都被这种组织吸引加入，"灭洋人，杀赃官"的动乱事件也就时有发生了。

义和拳的组织不仅在山东一带存在，在当时的直隶、河南、山西、陕西、甚至黑龙江、蒙古等地也有人设厂练拳的。各地拳民发展的情形，与地方对付拳民的政策有关。以山东来说,从李秉衡、张汝梅到毓贤这几位巡抚大吏,基本上采用时抚时剿的政策,只有当人民与教士有严重冲突时,他们才"认真弹压",因为他们不敢得罪洋人。他们也想过收编拳民,以寓兵于农,作为日后御侮之用,但甄别工作不易。等到袁世凯调抚山东,他为讨好洋人,认真地禁止拳民非法活动。当洋兵在大沽口登陆后,他更动员大军,打击拳民,仅在曹州府各属,就有一千五百个拳民被杀或被捕,很多拳厂被毁平,山东拳民乃转向了直隶。与山东类似的镇压拳民的地方还有陕西省,巡抚端方也如袁世凯一样,得到洋人的赞扬。不过,也有很多省区的官员支持拳民,如直隶、蒙古、黑龙江、山西、河南等地,这些地方官有的想利用拳民来对付洋人洋教,也有纯是为迎合慈禧而放任拳民的,尤以河南一省为最,巡抚裕长甚至还"亲自检阅"拳民,以致"省中习者已遍街衢",在这些地区拳民乃迅速地得到发展。

光绪二十六年春天,山东的大股拳民进入了直隶,甚至到了京城的邻近地方。五月间,拳民与官兵发生冲突,竟然杀死了副将杨福同。据说"自三四月间,都城即有聚习拳棒之事,犹属闾巷幼童",可是六月以后,"外来拳民,居然结党横行"。军机大臣赵舒翘等人向慈禧建议:"拳会蔓延,诛不胜诛,不如抚而用之,统以将帅,编入行伍。因其仇教之心,用作果敢之气,化私忿而为公义,缓急可恃,似亦因势利导之一法。"慈禧认为可行,无异认定了义和拳的合法地位。一时北京城里贵胄兵民,积极入团,迅速发展为一股几十万人的力量,义和团终于控制了北京城。

义和团在直隶与北京城里高呼"扶清灭洋"的口号,慈禧心中很乐,但是洋人在华的利益与生命安全却受到了严重的威胁。英、美、法、德四国公使联合照会清廷,限期剿除义和团,否则他们将派兵来"代为剿平"。清廷君臣集会,慈禧决定对外宣战,因而爆发了八国联军之役。

平心而论,义和团是一批人为了生存、抵御外侮而自发兴起的组织,也是庶民百姓、官绅人士与朝廷权贵三种不同社会层次力量的汇流。他们有希望与憧憬、愤怒与沮丧、欢乐与痛苦。下层的命运是可悲的，而上层的企图是可耻的。尤其慈禧对拳民的态度先由弹压变宽容，再变招抚、变遗弃、变剿灭，实在现实卑鄙，实在不可取，实在令人愤恨。

此外还可以从另一个角度看，当时拳民的活动反映了农民与小民工业生产者，在工业化、近代化与西洋武力侵凌下的一种反动、一种怒恨；体现了传统中国宗法农民文化对西洋文化的抵制与对抗。拳民的心中认为西洋的一切都须破坏与销毁，不能让它们存在于中国，正如《天津一月记》上形容的："团中云最恶洋货，如洋灯、洋磁盂，见即怒不可遏，必毁而后快。于是闲游市中，见有售洋货者，或紧衣窄袖者，或物仿洋式，或上有洋字者，皆毁物杀人。"仇洋程度，十分可怕。由于仇恨洋人洋货，甚至对洋人的制度也视为绝对不可行，当然对推行维新的人士也仇恨了。在拳民张贴的标语中有"贼子通洋保国会，不久落头归阴城"等的咒语。他们把光绪帝、李鸿章、奕劻等人目为"异类"。《庚子国变记》中还说："义和团既藉仇教为名，指光绪帝为教主。盖指戊戌变法，效法外洋，为帝之大罪也。……匪党扬言欲得一龙二虎头。一龙指帝，二虎指庆亲王奕劻及李鸿章也。"更有激烈的拳民直呼光绪帝为"二毛子"的。由此可见，义和团与戊戌变法的一些因果关系了。

四十三

八国联军

自从慈禧改变对义和团的政策之后,由"剿"转为"抚",因此拳民来到直隶,进入了北京,当时"官兵任其猖獗,城门由其出入",甚至连王府也有设立"坛口"来练拳的,宫中太监也赶时髦加入锻炼拳术,义和团与部分清军开始攻击使馆与教堂,中外对立情势形成,京城气氛紧张。光绪二十六年五月十五日(公元1900年6月11日),日本使馆书记官杉山彬在北京被拳民杀害,外国使馆本来就纷纷请求本国派兵进京,此时中外矛盾变得更尖锐而严重。为了讨论和战与剿抚的问题,慈禧不愿给人以一意孤行的形象,特别召开了四次"发扬公论"的御前会议,会议的时间是五月二十日至二十三日(公历6月16日至19日),地点是在西苑仪鸾殿,参加人员除慈禧、光绪帝外,还有六部、九卿以及王公四十多人。与会的人分主和与主战两派,其中主和派的发言重点约有:

光绪帝认为:(一)乱民应弹压。(二)人心未必足恃。(三)董福祥"骄而难驭";洋人"器利而兵精",非回民可比。

吏部侍郎许景澄则说"攻杀使臣,中外皆无成案",东交民巷的外国使馆若遭不测,"不知(中国)宗社生灵,置之何地?"

翰林院侍读学士刘永亨奏称"欲请上旨"，令董福祥"驱逐乱民"。

太常寺少卿张亨嘉"力言拳匪之当剿，但诛数人，大事即定"。

太常寺正卿袁昶更是主张："拳实乱民，万不可恃。就令有邪术，自古及今，断无仗此成事者！"又谓："衅不可开，纵容乱民，祸至不可收拾，他日内讧外患相随而至，国何以堪？"据说袁昶发言时"慷慨欷歔，声震殿瓦"。

翰林院侍讲学士朱祖谋骂董福祥是个"无赖"，第一不可靠即此人，并说："若必命将，则袁世凯可。拳匪乱民，必不可用。"

主战派的人包括慈禧在内，似乎也有理由，如慈禧就强调：（一）"法术不足恃，岂人心亦不足恃？今日中国积弱已极，所仗者人心耳。若并人心而失之，何以立国？"（二）她认为董福祥可靠。（三）有官员问太后等是否有"西幸之说"，慈禧"力辩并无此说"。

载漪对于要弹压义和团的说法，伸出大拇指，厉声反讽道："好！此即失人心第一法。"同时他又说："董福祥善战，剿回有功，以御洋人，当无敌。"

仓场侍郎长萃则夸赞拳民有保通州之功，谓："此义民也。"

第一天公开会议无结果，慈禧留下少数亲信继续会谈，载漪、刚毅仍坚持"义民可恃，其术甚神，可以报仇雪耻"。载漪之兄载濂更上奏说："时不可失，敢阻挠者，请斩之。"

最重要的，慈禧在这一天却发出了两道懿旨，一件是给直隶总督裕禄，让他有权向列强开战。另一件是给刚毅的，命令他支持义和团，暗示可以向洋兵开战。总之，从第一次会议与两道懿旨，我们可以看出慈禧等人已决定对义和团改剿为抚、为用了，而对列强则改和为战。

五月二十一日召开第二次会议，兵部尚书徐用仪说："用兵非中国之利，且衅不可自我先。"户部尚书立山也说拳民的法术"多不效"。载漪则在会中强调若杀拳民，"人心一解，国谁与图存？"并指责立山"敢廷争"，可能私通洋人，是个汉奸。慈禧却乘机讲出一段重要谈话：

> 今日之事，诸大臣均闻之矣。我为江山社稷，不得已而宣战。顾事未可知，有如战之后，江山社稷仍不保，诸公今日皆在此，当知我苦心，勿归咎予一人，谓皇太后送祖宗三百年天下。

谈话之后，随即命徐用仪、立山、礼部侍郎联元三人到东交民巷使馆区送照会，"谕以利害，（外使）若必欲开衅者，可即下旗归国。"

五月二十二日，第三次会议历时不长。对于仍反对派兵与外国一战的联元及协办大学士王文韶，慈禧都表示大怒，甚至要听从载澜的建议，立斩联元。光绪帝虽然请荣禄劝慈禧，不宜鲁莽开战，但荣禄未置可否。他知道慈禧的心意显然已不能改变了，多说无益。

五月二十三日，第四次会议仍在仪鸾殿召开。慈禧开始就决定宣战，命许景澄去通知外使，限二十四小时内出京。光绪帝、联元等反对也无效。

四次御前会议，美其名"发扬公论"，实际上慈禧因仇恨洋人与皇位废立问题，早已定下了她"招团御侮"的决心，而她巧妙地在事前申明如果战争失败，"勿归咎予一人"（翻成白话就是"不能把错全推我身上"），更显示了她的政治智慧，她先找好代罪羔羊了。

五月三十日，德国公使克林德（Klemens Freiherr von Ketteler）在北京崇文门大街被杀，八国联军之役更不能避免发生了。

在召开御前会议前后，北京城内外发生的一些事也应该值得一述。先谈宫中领导与王公大臣。慈禧在宣战后除了以两面政策来对付拳民、保护自己之外，她在紫禁城里每天早晨念诵咒语七十遍，还下达过懿旨命五台山南山极乐寺住持普济"联属义和团民，设法御击剿办，灭此凶夷（指攻打天津的洋兵洋船）"。鬼神迷信也随着战争失利而弥漫于各王府官邸，载漪等人穿起义和团服装、学念咒请神。也有亲王扶乩问卜、问迁都、问何时洋夷能灭、问西什库西洋教堂何时可攻破等等，他们都想从诡秘的乱语中寻求到精神的慰藉。河南巡抚裕长,则不做军事上准备工作,只忙筹措巨金,供巡抚衙门"焚香焚表之用"。政坛人物中不少已是胡闹不堪了。不仅如此,还有重臣如刚毅,他在天津失守后"放声大哭",大损官员形象。另外有官员听到太后与皇帝要"迁都"、"西狩"的风声,也纷纷外逃他乡。直隶布政使廷雍率僚属"欢迎"联军入城;盛京将军增祺则与俄军私订奉天殖民地化的《暂且章程》;荣禄"于三省之让毫不介意";奕劻、王文韶等在和谈时经常置身事外;尤有甚者,在国难当头之际,北京城内大官"仍向西城妓馆买妾"。还有更无耻的表现,在北京陷落于八国联军之后,竟有八旗子弟"得日本宠,直以日本之新民自居"、为子取号"东民"的,种种怪事,真是无奇不有。

在北京城外,应从联军攻打天津说起。慈禧颁布宣战诏书之后,大沽口就被联军攻陷了。前线败讯传来,慈禧又紧张了起来,在荣禄的劝说下,她即刻改变了态度,命令荣禄派人在东交民巷使馆区前树立木牌,上书"钦奉懿旨,力护使馆"等字样,禁止拳民与清兵进入侵扰。又向洋人解释:"中国即不自量,亦何至与各国同时开衅,并何至恃乱民以与各国开衅?此意当各国所深谅。"并不断向外国使馆与教堂运送瓜果蔬菜,以示慰问。然而这些示好的态度并不能阻止列强军事行动,八国联军由大沽口登陆后不久便占领天津,慈禧惊慌失措,一面要各地将军、督抚遵行诏书,与洋人作战到底,一面又准备调李鸿章来北方任直隶总督,与洋人进行谈判,而且幻想请俄国出面帮忙,解决问题。慈禧虽善权谋,这一次显然不灵了。七月十八日联军占领了通州,北京城已在兵荒马乱之中,官员们纷纷逃跑,京师呈现一片混乱。使馆区被拳民围攻了五十六天,天主堂被进击了六十三天,始终都不能得手。这其中原因除荣禄不断派人送食物、禁止清兵参战外,还据说清方暗中运送武器给洋人。拳民只好以血肉之躯,凭着不可信的法术,迎向洋人的子弹,成了炮火下的亡魂。

清廷在北京发布了宣战诏书,全国各地理应遵旨一致行动抗敌才对。可是两江总督刘坤一、湖广总督张之洞、两广总督李鸿章(后被调任直隶）等人为首，联络东南地方疆吏，采取了抵制的态度，他们认为宣战诏书是"矫诏"，是"乱命"，断不奉行。相反地，在他们管辖的省区内镇压拳民，保护洋人使馆与教堂，而和洋人和睦相处，这一奇特局面，史称"东南互保运动"。

八国联军侵华期间，东南地区虽然"互保"了，但东北各地却深罹大难，人民被戮杀之多，土地被侵占之广，为祸程度之惨，比天津、北京有过之而无不及。沙皇俄国早就企图把中国东北变成"黄俄罗斯"，八国联军之役正好给了他们千载难逢的机会，俄军调动了十八万人兵力，分七路挺进中国京津与东北地区。不但在海兰泡与江东六十四屯等边区有计划地进行大屠杀华人，其罪行真令人发指；而且在黑龙江、吉林、辽宁、沈阳等地区也大做烧杀抢劫的坏事。他们定下了"解除满洲军队及要塞的武装"以及"将来满洲必并入俄国"方针，逼迫盛京将军增祺签订《奉天交地暂且章程》，甚至到《辛丑和约》签订后各国撤兵时，俄军仍霸占东北，终于使东北沦为俄、日竞逐的战场，几达半个世纪之久。

总之，由于慈禧一派人的自私无知，招来了八国联军入侵的惨祸，也加速了清朝的覆亡。

四十四

出奔、和约、回銮

八国联军在光绪二十六年六月十八日（公元1900年7月14日）攻陷天津；七月十八日通州也被洋兵占领，北京情势危急，慈禧决定离宫逃难了。不过，她在出奔之前，还做了两件报复性杀戮事件：一是在朝廷或御前会议上与她唱反调，认为拳民不可依靠、洋人不可伤害的五位主和派大臣——袁昶、许景澄、徐用仪、联元、立山，在八国联军逼近北京前夕，未经审问，就被处斩了。直到《辛丑和约》订立后，清政府才颁诏昭雪他们，给予旌表，史称"五忠"。二是慈禧在仓皇逃出紫禁城前，命令太监把珍妃丢下井中溺毙。据《德宗遗事》等书说，光绪帝原不想与慈禧一起出奔，他愿留在京中"亲往东交民巷向各国使臣面谈"，以求和议。慈禧坚决不同意而逼令光绪帝同行。《崇陵传信录》中记慈禧怕"帝留之不为己利"，因为留他在北京就有独立发展的机会，太后的权位立刻会丧失的。不仅如此，光绪帝的宠妃珍妃留在北京也是问题，所以在出逃之前，必须解决。于是七月二十日下午，珍妃被太监推入景运门外的一口井中杀害了。慈禧决定处决异己人士时是从不手软的！光绪二十七年十二月慈禧回銮后，派人从井中打捞起珍妃的尸体，并给予安葬，以"随扈不及，殉难宫中"为辞，追赠珍妃为贵妃，也算是一种补偿。

七月二十一日凌晨六时，慈禧与光绪帝等人匆匆走出宫外，慈禧身穿蓝布大褂，挽"旗头座"式发髻，坐上大鞍骡车。光绪帝穿青洋绉大褂，手携一赤金水烟袋，神色沮丧地乘溥伦之车。皇后叶赫那拉氏（隆裕）与大阿哥溥儁则另乘马车，其他各王公大臣骑马或步行，约千余人，直往颐和园方向而去。那天中午慈禧等在颐和园用餐，饭后再赶路，当晚在离京七十里的贯市驻跸。其后继续西行，连日奔走，极为狼狈，不得饮食，既冷且饿，与宫中奢豪生活，真有天壤之殊。三天之后从贯市到了怀来，这一路中，因农村贫穷，食宿两难，帝后们吃了一些苦头，随行人员有就地过夜的，尝到了餐风露宿的滋味。不过当一行人抵怀来县榆林堡后，由于知县吴永逢迎有术，"肆筵设席，供应自如"，慈禧的弟弟桂祥连鸦片烟都能抽上了。吴永也因此连升三级，后来由七品知县变成了四品知府。怀来的下一站是宣化府，慈禧为了掩饰自己逃跑的可耻，以光绪帝的名义，颁发了《罪己诏》，责备自己对外国宣战的错误，诏书里特别提到知人不明是一大罪，让全国无辜人民遭受苦难。她的认罪不但太晚，或者可以说口是心非，只是权术运用而已。八月十七日到太原，勾留一个多月，闰八月中转抵西安，慈禧与光绪帝即以陕甘总督衙门为"行宫"，不少太监与大臣也从北京赶来，每日上朝的近一百人。慈禧在西安向全国发号施令，指定了在北京的大臣与列强谈判，另下令各省钱粮改送西安。新朝廷的架势建好了，慈禧的生活也大大改善了，据说日选菜谱有百余种，设有荤、素、菜、饭、粥、茶、酪、点心八局，日费银二百多两，奢靡本性又显露了。另据记载，慈禧在西安喜好玩乐之事也不改，李莲英为她物色陕西秦腔等地方戏班，召入行宫演唱，连以碗碟打花点说书的，有时也找来献艺。慈禧还跟一些王公贵胄的命妇们玩"牧猪奴"游戏，以金球、元宝作赌注，可见她的心情并不差。反观光绪帝，容颜憔悴，终日无欢颜，内心十分悲痛。

八国联军是光绪二十六年七月进京的，直到第二年，即岁次辛丑的光绪二十七年七月才正式签约停战。其中原因是德、比、美、英、日、奥匈、西、法、意、荷、俄等十一国公使先议定好了一份《议和大纲》，要求中国"悔过"，若不"允从"，撤军无望。清廷代表奕劻、李鸿章上奏慈禧，说明各使"词意决绝，不容辩论"，而"宗社陵寝，均在他人掌握，稍一置词，即将决裂，存亡之机，间不容发"，希望太后"迅速乾断，电示遵行"。慈禧立即回谕："所有十二条大纲，应即照允。"经过这一番议约的准备工作，双方代表才进入讨论和约的细节，其时已是二十六年十一月初了。约文中"惩办祸首"与"赔款问题"是大家争论的重点，但清方无力争辩，也不容争辩，最后在光绪二十七年七月二十五日（公元1901年9月7日）清廷与十一个列强国家签订了《辛丑和约》。这个条约的主要内容约有赔偿兵费四亿五千万两；毁大沽至北京沿途炮台；拓京师各使馆地界并增兵保护使馆；仇教各府县停止文武考试五年；惩办罪魁、遣使道歉；改总理各国事务衙门为外务部等项。其中遣使向日本与德国道歉，并为遇害的德国公使与日本书记生立碑，仇教各府县停办科考以及污渎或挖掘外人坟墓者赔款立碑等事，令国人极为反感，憎恨政府惧外媚外的行为，尤其慈禧在战后又下诏罪己，使政府与统治者的威信尽失。另外，北京至山海关沿途及北京城内使馆区准许外国驻军、北京至大沽口一路的炮台全部削平，这些都使中国主权丧失，也使北方门户洞开，而无国防可言。至于赔款数字庞大，为历次条约仅见。四亿五千万两分三十九年还清，加上利息四厘，共为九亿八千万两，又有其他赔款，总数过十亿，相当于当时清政府十个财政年度的总收入，负担之重，直接影响到国家财政与人民生活，根本扼杀了中国的财经命脉。

《辛丑和约》签订后的第二十九天，即八月二十四日，慈禧带着三千辆车，离开西安、回銮北京。沿途大修行宫、尖站，从西安到北京二千七百多里行程中，共设富丽行宫三十七座，尖站公馆为数极多，花费非常之大，仅洛阳一地，即用了三万两之多。另外凡慈禧必经之路，无不大肆整修，有些山涧沟谷羊肠小道，也改为平坦开阔的马路。全部"御道"都要求用细软黄土铺于路面,以使马蹄行之无声而且平稳。如此工程,据当时英国《泰晤士报》记,一英里就得花费一千英磅,全程所费,由此可窥知一斑了。特别是在开封停留了一个月,大肆庆祝慈禧的生日,百官蟒袍朝贺,演戏大宴,有人说至少用掉三万两白银。以上三项只是荦荦大者,还有沿路发给大小官员及兵丁等人的赏金,日常生活消费等等,实在无法统计。这不过是回銮时的挥霍,如果把整个"西狩"期间的资财耗费全数计算一下,绝对是惊人的天价。

光绪二十七年十一月二十七日(公元1902年1月6日),帝后们回到北京,据说慈禧乍见北京前门、大清、天安三门被战火破坏的残留景象,为之"泣涕引咎"。事实上,联军攻占北京,使都城空前蒙难。联军统帅德国人瓦德西(Alfred Graf von Waldersee)曾说:"占领北京之后,曾特许军队公开抢劫三日,其后更继以私人的抢劫,北京居民所受之物质损失甚大。"他又说:"因抢劫时所发生之强奸妇女、残忍行为、随意杀人、无故放火等事,为数极其不少。"还有皇家园林颐和园的宝物与政府机关翰林院里的《永乐大典》等百世珍藏,不是洗劫一空,就是毁弃流散,这些奇珍与文物的损失,更非钱财可以计算的了。

慈禧的自私愚昧,引发了八国联军侵华战争。她的奢侈挥霍,深化了国家的兵弱民贫,后世史家将她的罪恶载入近代史册,实在并非无因。尤有甚者,联军与和约,还造成了清朝严重的政治危机:清廷的威信扫地。在帝制中国,皇权原本是至高无上的,谕旨比法律还具有威权性。然而清朝自鸦片战争之后,接连地与外国签订丧权辱国的条约,使政府与皇室的颜面无光。到慈禧干政后,又因她一己的私利,发生过多次政争,导致政局更形混乱,皇权大受侵害。庚子年又鼓动拳民闹事并发动对外战争,结果丧师失地,生民涂炭,其后又逼得皇帝下诏罪己,在一般臣民心中,朝廷与皇室的威望当然更为低落了。以"东南互保运动"为例,南方疆臣大吏竟敢不奉诏参战,而且视圣旨为"矫诏"、"乱命",真是胆大包天,心中根本没有皇帝与朝廷存在。等到八国联军之役的大劫难结束,北方政坛上有权势的王公大臣多人被杀、被革或被充军了，南方陈兵自保的洋务派，在战后有些人进入了朝廷中枢，担当大任，他们比较清醒地了解时局的危急性与紧迫性，因而主张加大加快改革的脚步，这无异会进一步地挑战皇权，动摇满族统治国家的地位。加上《辛丑和约》赔款的负担压力，宰制了清廷的财经命脉，也耗尽了清廷的生存元气，清朝的前途是愈来愈不乐观了。

四十五
慈禧新政

　　慈禧在离京西奔之后，一方面是迫于内外压力，另一方面是为了欺骗中国官民及外国人士，先后发布了几次诏书谕旨。光绪二十六年七月二十六日（公元1900年8月20日），先在宣化县的鸡鸣驿以皇帝名义颁降了《罪己诏》，承认"负罪实甚"，表示要"涤虑洗心"。两天以后，又下诏广开言路，要求官员们对朝廷的错误、政事的阙失、民生的休戚，"务当随时献替，直陈毋隐"。十月初十日，在西安又第三次降谕，除了"痛自刻责"这次发动对外战争的不当外，并要求内外大臣一起各就现在情形知无不言地上奏，显然有更新政治的意图。

　　两个月之后，见大家反应不热烈，为了改善窘境，慈禧又以皇帝名义颁布了变法诏书。这份诏书，首先说明为"强国利民"主张变法，声称："我中国之弱，在于习气太深，文法太密，庸俗之吏多，豪杰之士少。文法者，庸人借为藏身之固，而胥吏倚为牟利之符。公事以文牍相往来，而毫无实际。人才以资格相限制，而日见消磨。误国家者在一私字，困天下者在一例字。至近之学西法者，语言文字、制造机械而已。此西艺之皮毛，而非西政之本源也。……舍其本源而不学，学其皮毛而又不精，天下安得富强耶？总之，法令不更，锢习不破，欲求振作，当议更张。"因此内外大臣应实事求是，"参酌中西政要，举凡朝章国政、吏治民生、学校科举、军政财政，当因当革，当省当并，或取诸人，或求诸己，如何而国势始兴，如何而人才始出，如何而度支始裕，如何而武备始修"，各举所知，抒诚上报。不过所有改革只能在恪守"三纲五常"的传统信条基础上进行，可见慈禧还存在着不少的私心。

十二月二十五日，慈禧再以皇帝名义"颁自责之诏"，除进一步表明变法决心外，还公布了三点声明：（一）为"固邦交"，不惜"量中华之物力，结与国之欢心"。（二）对"东南互保运动"中各地疆臣大吏的行为不予追究。（三）重申变法主张，让全国相信这次变法是真要改弦更张，尽管如此，各地及中央官员条陈建言的还是不多。

光绪二十七年三月初三日，清廷为推动变法，下令成立督办政务处，"派庆亲王奕劻、大学士李鸿章、荣禄、昆冈、王文韶、户部尚书鹿传霖为督办政务大臣，刘坤一、张之洞亦着遥为参预，各该王大臣等，于一切因革事宜，务当和衷商榷，悉心评议，次第奏闻。……回銮后，切实颁行，示天下以必信必果，无党无偏之意。"从以上任命的官员来看，可谓一时之选，而且兼顾到中央与地方。在设立督办政务处的同时，清廷又公布了一份政务处开办条议，如人员组成、职责所在、工作细则、变法大纲、实施意见、改革决心等等，表明清廷确实有意变法。不过，这份条议也显示了当时人对西洋政治制度的了解仅属表观性质，还不够真正地深入，同时，"中学为体"的传统心态仍未去除。当然平心而论，条议已经可以代表清廷的变法宣言了，可以让臣民们减少不少疑虑，结束观望的心态。

由于清廷表达了变法的若干诚意，三月初七日，山东巡抚袁世凯首先提出了新政意见十条，重点有充实武备、改进财政、开通民智、递减岁科乡试取中名额、增设实学、派遣游学等等。五六月间，两江总督刘坤一、湖广总督张之洞联名会奏三次，内容全是关乎变法改制的，当时人称为"江楚会奏变法三折"。第一折上于光绪二十七年五月二十七日，就兴学育才提出四项建议，计有设文武学堂、酌改文科、停罢武科、奖励游学等。奏折最后还说："此四条，为求才图治之首务。"四者可以互相贯通，互相补益。并呼吁"揆之今日时势，幸无可幸，缓无可缓"，恳请朝廷决意施行。第二折进呈于六月初四日，就整顿清朝吏治、军事、司法及八旗生计四方面，提出十二项建议，计有崇节俭、破常格、停捐纳、课官重禄、去书吏、去差役、恤刑狱、改选法、筹八旗生计、裁屯卫、裁绿营、简文法等。刘坤一与张之洞还在奏折上强调说这十二项"皆中国积弱不振之故，而尤为外国指摘诟病之端"，他们请求政府先将这些弊端一律蠲除，以固人心，御外侮。第三折上呈的时间是六月初五日，就采用西法提出的十一项建议，计有广派游历、练外国操、广军实、修农政、劝工艺、定矿律路律商律交涉刑律、用银元、行印花税、推行邮政、官收洋药（即鸦片专卖）、多译东西各国书等。这些建议有些已经在施行了，刘、张只特别重申而已。

"江楚会奏变法三折"到达西安后，八月二十日，光绪帝的上谕与慈禧的懿旨同时颁降，他们都肯定刘、张的建议，并说"整顿中法，仿行西法各条，事多可行"，命督办政务处按照三折内容，"随时设法，择要举办"。帝后的变法态度，在当时真给人有耳目一新的感觉。

从光绪二十七年三月到光绪三十一年十一月，近五年之间，清廷在革新官制、吏制与法律方面发布了不少命令，重要的有：

（1）设立督办政务处。　　（2）改总理各国事务衙门为外务部。

（3）设立商部，路矿总局并入。　（4）设立练兵处。

（5）设立巡警部。　　（6）设立学部。

（7）裁汰衙门胥吏、差役。　（8）停止捐纳买官。

（9）裁汰河东河道总督。　（10）归并詹事府于翰林院。

（11）裁撤湖北、云南巡抚。　（12）裁撤广东巡抚。
（13）各省绿营防勇酌裁人数。　（14）各省筹设武备学堂。
（15）命铁良等办理京旗练兵事。　（16）命游学生返国听候录用。
（17）废八股文，改试策论。　（18）改书院于省城设大学堂。
（19）命各省选派学生出国留学。　（20）颁布学堂章程。
（21）颁布《商会简明章程》。　（22）颁布《大清商律》。
（23）颁布《公司注册章程》。　（24）颁布《矿务章程》。
（25）修改《大清律例》。

从以上改革的项目看来，正如清史前辈学者萧一山在他的《清代通史》中所说的：慈禧新政"似较戊戌百日维新时所举之条目为多，其实全未出光绪帝当时变法之范围，更未出刘坤一、张之洞所建议之范围，不过分一事为数诏，延百日为五年而已"。事实上，同时代人黄遵宪早就作如下的评论了："今回銮将一年，所用之人，所治之事，所搜括之款，所娱乐之具，所敷衍之策，比前又甚焉。展转迁延，卒归于绝望，然后乃知变法之诏，第为避祸全生，徒以之媚外人而骗吾民也。"

慈禧新政既然是迁延应付的手段，媚外国、骗人民的一种宣传，而其本旨却在继续维持大清朝统治、维持慈禧她个人的地位与权力。因而有识之士便纷纷作更大、更多的要求。有人要变更国体，改行立宪；有人则主张革命，干脆推翻清朝，建立民国了。

光绪三十二年七月十三日（公元1906年9月1日），迫于内外交加的压力，清政府宣布预备立宪。首先改革官制，明定责任。次定更张，并将各项法律详加厘定；而又广兴教育、清理财政、整饬武备、普设巡警，使绅民普悉国政，以为预备立宪之基础。从表面上看，是清廷顺应民意与时代潮流，改变国体。实际上，只不过掩人耳目，延续其统治而已。

光绪三十四年八月初一日（公元1908年8月27日），即慈禧与光绪帝死亡的前两个多月，清政府颁布了《宪法大纲》，在大纲里规定："大清皇帝统治大清帝国，万世一系，永永尊戴"；"君上神圣尊严，不可侵犯"。皇帝拥有至高无上的特权，如钦定法律，设官制禄，黜陟百司，统率军队，综理外交，宣布戒严，掌握财政、爵赏及恩赦，召集、开闭、停展及解散议院等等。慈禧在推行立宪国体时，始终关注的是乾坤独揽的君权，在宪法文字上确实保障了君权可以永固，慈禧当然乐于改行立宪。不过，在仿行立宪的过程中，处处还都可以看出她以君权为重，以她能否握权为第一考虑，所以变法也好、改国体也好，都只是清政府，或者可以说是慈禧个人所设计的骗局罢了。

四十六
光绪之死

光绪帝只活了三十八岁就结束他短暂而又不快乐的生命。他死亡的地点是北京中南海瀛台的涵元殿。死亡的时间是光绪三十四年十月二十一日（公元1908年11月14日）酉正二刻三分（下午六时三十三分）。死亡的原因则有寿终正寝与死于非命两种不同的说法。说病死的多是正史的记载，如《大清德宗景皇帝实录》、《光绪朝东华录》、《清史稿》，私人的也有如《德宗请脉记》一书，这本书是江苏名医杜锺骏的手撰本，他曾被浙江巡抚冯汝骙推荐北上为光绪帝看过病。他在书中记录了此次入宫诊病的经过以及光绪帝临终前的病状，他认为皇帝是生病死亡的。说毒害的则都是私家的记述，至于谁毒死光绪帝的呢？有以下几种说法：

（一）**慈禧**。恽毓鼎的《崇陵传信录》中记："时太后病泄泻数日矣。有谮上者，谓帝闻太后病，有喜色。太后怒曰：'我不能先尔死！'"这虽是一则传闻，但恽毓鼎在宫中做过官，对内宫情形很熟悉，而且在当时的情势之下，如果没有得到慈禧的指令或默许，任何人都不敢也不能对光绪帝下毒的，因此这一传闻在当时为很多人所相信，特别是保皇党梁启超等人都确信为真。

(二)**李莲英**。慈禧御前女官德龄在《瀛台泣血记》里说:"万恶的李莲英眼看太后的寿命已经不久,自己的靠山快要发生问题了,便暗自着急起来。他想,与其待光绪掌了权来和自己算账,还不如让自己先下手为好。经过了几度的筹思,他的毒计便决定了。"李莲英是慈禧面前的大红人、大权监,得到慈禧的默许先毒害光绪帝是有可能的,慈禧也是怕身后被光绪帝算账的,因此这一说也很能得到人们的相信与认同。

　　(三)**袁世凯**。清朝末代皇帝溥仪,也就是宣统帝,他后来出版了一本《我的前半生》的书,其中有一段文字说:"我还听见一个叫李长安的老太监说起光绪之死的疑案。照他说,光绪在死的前一天还是好好的,只是因为用了一剂药就坏了,后来才知道这剂药是袁世凯使人送来的。"乍听起来,好像也有些道理,因为自戊戌政变之后,光绪帝对袁世凯确是恨之入骨,如果慈禧一死,光绪帝再得皇权,袁世凯是非被杀不可的。因此袁世凯先下手为强,毒害光绪帝并非不可能。

　　(四)**奕劻**。胡思敬的《国闻备乘》中记:"迨奕劻荐商部郎中力钧入宫,进利剂,遂泄泻不止。次日,钧再入视,上(指光绪帝)怒目视之,不敢言。钧惧,遂托疾不往,谓恐他日加以大逆之名,卖己以谢天下也。"这一说相信的人不多,不过有此一说就是了。

　　以上各说,其实都是传闻,所以近代研究慈禧的专家学者都不敢尽信。正好清宫里的档案公开了,大家看到了当时御医所写的脉案以及用药清单等资料,看法也有了改变,认为传闻不如史料可靠,因此不少人都相信光绪帝是病死的。

　　就公开的清宫史料来说,其中有两类是重要的,一类是光绪帝自述的《病原说略》,从中我们可以了解光绪帝自幼就体弱多病,而且有长期遗精、耳鸣、身肢酸疼的病症。他说:"遗精之病将二十年,前数年每月必发十数次,近数年每月不过二三次,且有无梦不举即自遗泄之时,冬天较甚。……腿膝足踝永远发凉,自去年来甚觉恶风,稍感风凉则必头疼体酸,夜间盖被须极严密,若微露肩臂即能受风,次日便觉不爽。……其耳鸣脑响亦将近十年。……腰腿肩背酸沉,每日须令人按捺,……此病亦有十二三年矣。"可见其身体极不健康,可以说是弱不禁风的病秧子。另一类是宫中收藏医案档册,有关光绪帝的部分相当齐全,形同私人原始病历。从光绪十年到十二年的脉案记载,可以证明十几岁的小皇帝经常患感冒及脾胃病,丸药与汤药的处方存得很多。不过在戊戌政变之前,他或因年轻身体尚能支持,但经历百日维新与囚禁瀛台这些大变故之后,显然衰弱之象增强了。光绪二十五年正月初二日的一份脉案可以一读:

> 朱焜、门定鳌、庄守和、张仲元请得皇上脉息左寸关沉弦稍数,右寸关沉滑而数,两尺细弱,沉取尤甚。面色青黄而滞。左鼻孔内肿痛渐消,干燥稍减,时或涕见黑丝。鼻下又起小疡。头觉眩晕,坐久则疼。左边颊颐发木,耳后项筋酸疼。腭间偏左粟泡呛破,漱口时或带血丝,咽喉觉挡,左边似欲起泡,右边微疼,咽物痛觉轻减,其味仍见发咸。舌胎中灰边黄。左牙疼痛较甚,唇焦起皮。口渴思饮,喉痒呛咳,气不舒畅,心烦而悸,不耐事扰,时作太息。目中白睛红丝未净,视物眯蒙,左眼尤甚,眼胞时觉发胀。耳内觉聋,时作烘声。胸中发堵,呼吸言语丹田气觉不足,胸中窄狭,少腹时见气厥,下部觉空,推揉按摩稍觉舒畅。气短懒言。两肩坠痛。夜寐少眠,醒后筋脉觉僵,难以转侧。梦闻金声偶或滑精,坐立稍久则腰膝酸疼。劳累稍多则心神迷惑,心中无因自觉发笑。进膳不香,消化不快,精神欠佳,肢体倦怠,加以劳累腰酸,腿疼愈甚。下部潮湿寒凉。大便燥结。小水频数时或艰涩不利等症。……

这一年光绪帝还不到三十岁,一个壮年人竟是如此的百病缠身,老态毕露。

八国联军之役发生后,珍妃的死令他"悲愤之极,至于战栗"。西奔逃难期间,身心受到伤害更多,他元气涣散,说话时"其声极轻细,几如蝇蚁，非久习殆不可闻"。这是怀来知县吴永对他的观感，可见他确实是很虚弱了。光绪三十四年四月初四日，从江南召来的名医陈秉钧、曹元恒为他诊脉时，写下的脉案是：

……皇上脉弦数较减，轻取重按皆虚弱无力。审察病由，耳响作堵，有增无减；足跟作痛，有减无增。现在腰痛不止，上连背部，下及胯间。考腰为肾府，封藏有亏，肝火上升，脾湿下陷。偏于右者，以左属血、右属气，气血不能流贯，风湿两邪，窜经入络。……

光绪帝的病状显然更严重了。

光绪三十四年十月二十一日子时，也就是皇帝死前约十六七个小时，御医张仲元、全顺、忠勋三人会诊的结果是：

……请得皇上脉息如丝欲绝。肢冷，气陷，二目上翻，神识已迷，牙齿紧闭，势已将脱。谨勉拟生脉饮，以尽血忱。

人参 一钱　　麦冬 三钱　　五味子 一钱

水煎灌服。

其后江南征召的名医杜锺骏、周景涛等也相继入宫诊视。他们所写的脉案是：

……臣杜锺骏请得皇上脉左三部细微欲绝，右三部若有若无。喘逆气短，目瞪上视，口不能语，呛逆作恶。肾元不纳，上迫于肺，其势岌岌欲脱。……

……臣周景涛请得皇上脉左寸散，左关尺弦数，右三部浮如毛，若有若无。目直视，唇反鼻搧，阳散阴涸之象。……

显然光绪帝已只剩下一息游丝了。

当天傍晚六点多钟皇帝驾崩了。由以上病情变化来看，光绪帝似乎是因病而死的，这也是近二十几年来很多学者认为他非遭人毒害的依据。

然而，近年以来，说法翻新了。特别是2008年冬天，突然又有了新发现，说是经过科学验证，命运坎坷的光绪帝并非自然病死，而是急性胃肠性砒霜中毒而亡。这一说法确实不是无稽之谈，它是光绪帝的遗物经化验测得的结论。光绪帝死后葬在清西陵区，位于河北省易县，陵寝名为"崇陵"。西陵区为雍正、嘉庆、道光、光绪四帝的长眠地。目前清西陵有文物管理处，该处曾在崇陵地宫中收集了若干头发、遗骨与衣物，妥予保存。2003年起，清西陵文管处与中国原子能科学研究院反应堆工程研究设计所、北京市公安局法医检验鉴定中心共同联合组成"清光绪帝死因"专题研究课题组，从事科学研究，并列入国家清史编纂委员会的《国家清史纂修工程重大学术问题研究专项课题》。专家们从测定光绪帝头发中的砷含量入手，利用"中子活化法"、"X射线荧光分析法"、"原子荧光光度法"、"液相色谱/原子吸收光谱联用分析法"等现代科技，透过对比、模拟实验和双向图例，对光绪帝的头发、遗骨、衣服以及崇陵内外环境取样，进行反复的检测、研究和缜密的分析，证实了光绪帝的头发截段和衣物上，含有剧毒的三氧化二砷（即砒霜）。

另据国家清史编纂委员会主任委员戴逸教授等十三位专家联合撰写的《清光绪帝死因研究工作报告》指出：一般人口服砒霜60毫克至200毫克就会中毒身亡，而光绪帝尸体沾染在部分衣物和头发上的砒霜总量则高达201.5毫克，说明光绪帝摄入体内的砒霜总量明显大于致死量。专家们还进一步证实了光绪帝胃腹部衣物上的砷，系其含毒尸体腐败后直接侵蚀遗留所致，而其衣领部位及头发上的大量砷，则由其腐败尸体溢流侵蚀所致。绝非来自环境污染或慢性中毒自然代谢产生。

这一新发现、新科学验证如果是真的、正确可靠的，慈禧似乎又得惹上嫌疑犯的罪名了。

四十七
立嗣溥仪与慈禧归天

光绪三十四年夏天，慈禧开始患病，经常"两目垂重，肢节软倦，头有微晕，耳有金声"，稍后又有腹泻之症，虽经御医悉心调理，仍是久治不愈。不过十月初十日是她的七十四岁大寿，宫中举行了祝寿庆典，晚上还有精彩的大戏演出，直到戏散她才回宫休息。这时光绪帝的病情也加重了，慈禧知道他的生命快到尽头，因而不得不立嗣以备不虞。十月十四日，她先命令庆亲王奕劻离京去河北遵化县普陀峪为她预建的"万年吉地"查看陵寝工程，以为调虎离山之计。不久后在北京她就秘密召见军机大臣张之洞、世续，商讨立嗣问题。

据《国闻备乘》中记：世续与张之洞因为光绪帝没有生子，恐慈禧立幼主再出垂帘，遂共同提议："国有长君，社稷之福，不如径立载沣。"载沣也是醇亲王奕譞的儿子，光绪帝的弟弟，时年二十五岁，已任军机大臣，算是慈禧的至亲。慈禧觉得两位大臣说的虽有道理，"然不为穆宗（指同治帝）立后，终无以对死者。今立溥仪，仍令载沣主持国政，是公义、私情两无所憾也。"溥仪是载沣的儿子，这样也与世续、张之洞所建议的差不多。结果就决定了载沣为摄政王，溥仪为嗣君，兼祧同治与光绪二帝。如此一来，慈禧也对尸谏死去的吴可读没有食言，可以说各方面都顾及到了。

十月二十日，光绪帝病危时，慈禧连降三道懿旨，分别是：（一）"醇亲王载沣之子溥仪，着在宫内教养，并在上书房读书。"（二）"醇亲王载沣着授为摄政王。"（三）"朝会大典，常朝班次，摄政王着在诸王之前。"

第二天，光绪帝宾天，慈禧又降懿旨三道，重要内容有"溥仪着入承大统为嗣皇帝"，"以溥仪承继穆宗毅皇帝（指同治帝）为嗣，并兼承大行皇帝（指光绪帝）之祧"，以及"现值时事多艰，嗣皇帝尚在冲龄，正宜专心典学，着摄政王载沣为监国。所有军国政事，悉秉承予之训示，裁度施行。俟嗣皇帝年岁渐长，学业有成，再由嗣皇帝亲裁政事"。

溥仪当时年仅三岁，为什么被慈禧看中呢？原来他是道光帝的曾孙，慈禧亲妹夫醇亲王奕譞的嫡孙，光绪帝的亲侄子。溥仪的生母瓜尔佳氏是慈禧宠臣荣禄的女儿，她从小在宫中长大，颇得慈禧宠爱，载沣和她的婚事，就是慈禧钦定的。显见慈禧的私心仍然强烈，而且还想在溥仪当嗣君之后，即使有载沣为摄政王，她这个太皇太后仍是要"所有军国政事，悉秉承予之训示，裁度施行"。她真是恋权到疯狂了，在行将就木入土的时候还要亲操政柄，独揽乾纲，实在令人惊异。实际上，第二天，她就一命呜呼归天了。

慈禧的死，现代史家几乎一致同意是病死的，尤其是朱金甫、周文泉二先生公开了清宫档案，撰写了专文《论慈禧太后之死及其与光绪帝之死的关系》之后，真相似乎很清楚了。慈禧原有脾胃毛病，后来腹泻导致慢性消耗，加上她恋栈权力，不能休息静养，睡眠、饮食都出问题，"迁延日久，精力渐惫"是必然的了。从档案史料中可以看出慈禧的病情：

十月初六日，御医张仲元、李德源、戴家瑜的诊察是："肠胃未和，寅卯辰连水泻三次，身肢力软。"

十月初八日，张仲元等诊得："胃气壅滞，脾运仍慢。昨少食秦椒，与胃气相搏，以致胃膈发辣作疼，夜寐未能安睡，身肢力软。"显见病势加重了。

十月初十日是她的生日，一连六天至十五日，天天忙着庆贺活动，晚上又连着宴会、看戏，多日劳累，对她已患病数月的身体必然不利，因此在寿辰当晚，张仲元、戴家瑜二御医就发现："肺气化燥，胃气浊滞，脾不化水，水走大肠，以致舌干口渴，胸闷微疼，食后馓辣，小水发赤。总覈病情，郁而生热，壮火食气，得食则泻，是以精神异常疲倦。"可见她的病又关连到了肺部。

十月十四日，张、戴二人偕外省名医吕用宾入诊。呈现的病状是："头痛目倦，心中馓辣难受，烦躁不安，口渴舌干，咳嗽，时而恶寒发热。"这一天，她命奕劻出京查看陵寝工程。

次日，张仲元、戴家瑜入诊。新增"头项以及周身疼痛，面目发浮"之病象。

十月十六日至十九日，根据《内起居注》的记载，慈禧没有任何公开的政治活动，但秘密召见世续、张之洞讨论继统人选就在此时。另据御医方面的记事，十六日至十八日三天，慈禧的病情无大变化，除"时作咳嗽，顿引胁下作疼，口渴舌干，大便尚泻，身肢懒倦无力"外，并无新症状发生。

十月十九日，张、戴二人会诊的结果是："浊气在上，阻遏胃阳，是以烦躁口渴；清气在下，肺无制节，所以便泻不止，小关防觉多。燥热熏肺，时作咳嗽，顿引胁下串疼。谷食不多，身肢软倦无力。"饮食乏味是显著现象。

十月二十日，光绪帝已告病危，慈禧虽病情趋于复杂，尚可控制，主要症状是："咽燥舌干，口渴引饮，时作咳嗽，顿掣两胁作疼。连用甘寒化燥之法，胃热不减，口渴愈盛。"

十月二十一日，光绪帝在瀛台涵元殿去世，慈禧的脉象也开始"不匀"，似有心律不整现象，"肝气冲逆，胃燥不清，以致时作咳嗽，顿引胸胁串疼。口渴舌干，精神异常委顿，小关防多，胃纳太少。"从"谷食不多"、"胃纳太少"等文字，可以了解慈禧已经三天不能饮食，至少是饮食不正常了，这对体力支撑极为不利。

十月二十二日，慈禧的病情急剧恶化，御医三次入诊，据说先是"气虚痰生，精神委顿，舌短口干，胃不纳食，势甚危笃"。第二次的报告是"脉息欲绝，气短痰壅，势将脱败"。最后说"请得太皇太后六脉已绝，于未正三刻（下午二时四十五分）升遐"。御医束手无策，慈禧终于撒手尘寰了。

从以上清宫脉案等资料可以看出，慈禧应该是正常老病死亡的。她是先患腹泻，后并发诸症，兼及肝肺等内脏，以致不能饮食，体力更差。加上她带病理政，不作适当休养，最后身心交瘁，衰竭而死。光绪帝早她一天崩驾，或有可能与她的病情骤变有关。正如研究慈禧的隋丽娟教授说的："光绪帝之死，很可能对她的病和死有所影响，但这种影响究竟是因悲痛光绪帝之早死而致自己病势加剧，还是因光绪帝一死，政敌已除，心病已去，后顾无忧，紧张的精神顿时为之一松，致使原先本是强自支撑的病体也跟着垮了下来呢？这就不是我们所能主观推测的了。"

无论如何，慈禧就这样结束了她奢侈腐化的一生，结束了她贪恋权位的一生，结束了她祸国殃民的一生！不少史家都是如此说的。

四十八
略谈慈禧的生活与嗜好

据一些老太监们的回忆说,慈禧的生活很有规律,有早睡早起的好习惯。严冬过后,她喜欢在早晨梳洗、用餐后,走出寝宫,开始散步,虽有李莲英、崔玉贵随从,但她很少说话,只享受宁静,或许是思考应付政务的方针,一直到冬天到来前这习惯极少改变。

慈禧每天吃饭的时间,早餐定在七时,中餐约在十点半钟或稍后,晚餐则在下午五时。下午两点钟以及七点钟加两次点心时间。早餐有二十多样早点,如麻酱烧饼、油酥烧饼、萝卜丝饼、清油饼、炸馓子、炸回头。汤粥类则有各种茶汤,如杏仁茶、牛骨髓茶、鲜豆浆等;稻米粥、八宝莲子粥、八珍粥、鸡丝粥也是慈禧常吃的。午餐、晚餐据说有一百二十样荤素菜,外带时鲜。按清宫祖制,每样菜"吃菜不许过三匙",可能是防止被毒害。

慈禧衣着很讲究,而且极尽奢华。她夏天喜欢穿绣满大朵红牡丹的黄缎袍,绣袍外面常罩上一件华丽的鱼网形披肩,由三千五百粒珍珠制成,边缘还缀以美玉串成的璎珞;头上戴着挂满珠宝而两旁又镶有珠花、玉凤的头饰。慈禧又喜欢戴珠镯、玉镯以及宝石戒指等物。最特别的是她右手中指和小指上戴着三时长的金护指，左手则戴玉护指。鞋上也有珠珞及各色名贵宝石。可以说全身都是珠光宝气，莫名的奢侈。

慈禧很注意化妆，她有自制的化妆品。据说她常在寝宫里的镜台前描眉画眼，傅粉施朱，每天要耗费两三个小时打扮自己。

慈禧也喜欢沐浴，通常是由宫女为她擦澡，而每次大约需用一百条毛巾；当时已有玫瑰香皂，不过都是宫中御制的。澡盆中的水随用随换，永远保持清洁。

慈禧有些嗜好也是值得一述的。

慈禧喜欢读书。由于她原本的文化水平不高，在她协助咸丰帝理政以及后来垂帘时，她渐渐感到自己的知识不足。她不像慈安那样根本无心学习，无意增进自己的文化修养水平，反而是个充满求知欲、积极奋发读书的人。在咸同之际她初掌政权的时候，她把《帝鉴图说》看成是必读的书籍，后来又命大臣们编《治平宝鉴》一书，以备她御览，她读书尽管有些现实的功利目的，但是她爱读书毕竟是个事实。据老太监们说：慈禧嗜读中国古典名著如《三国演义》、《水浒传》、《西游记》、《封神榜》、《红楼梦》等书，从中吸取处人为政的经验。八国联军之役以后，她对《海国图志》、《瀛环志略》一类介绍西洋知识的新书产生了兴趣，当然她是想了解世界大事才阅览这些书的，可以说她还有着与时俱进的精神，只是为时晚了一些。她也有时为娱乐而读书，她在颐和园常令老太监们为她说书，特别是有关历朝史事的。听说有一次她对汉朝吕后专政史实还发表过评论。她认为吕后糊涂，封再多的吕姓王公都是无用的，因为武将都是刘邦的人，根本不能控制实权，她的治国必先揽权思想由此可见一斑。

慈禧也爱写字绘画，这也许是她附庸风雅的一种行为，但也不失为一项好的嗜好，尤其能帮助她消磨寡居孤独的时光。云南昆明女画家缪嘉蕙，字素筠，是常驻宫中教慈禧书画的专业"师傅"，她既工花鸟，又善书法，且能弹琴，颇受慈禧赏识。慈禧专攻"福"、"寿"等大字，以便在年终书写赏赐给大臣。慈禧也有一些工笔画现今仍存于世,有人以为多是经缪嘉蕙润饰的,有些可能是缪嘉蕙代笔的作品。无论如何,慈禧有此爱好已是难能可贵了。

照相是清末传来中国的新鲜玩意儿,慈禧也有兴趣,经常让御前女官德龄的哥哥裕勋龄来宫中为老佛爷摄影。目前仍完好保存在北京故宫博物院中几十张慈禧的照片都是当时照成的。其中有三张慈禧扮观音的照片最为有名,据说这也是"老佛爷"称谓的由来。除照相外,慈禧还迷恋一些西洋的事物,如法国的女装、高跟鞋、香水、香皂等她都喜爱。华尔兹舞、钢琴、西餐等她也都试过,但印象不佳,没有深入地去学习或仿行。据说她也学过英文,可能是她心中早有仇外的成见,不像那些物质上的享受能带来快乐,她只学了几个小时就叫停了。

另外,观花也是慈禧的偏爱,她的宫中到处放着鲜花,使她有赏心悦目的感受。她平日有吸烟的嗜好,吸水烟,不是旱烟,往往在饭后吸几口。有人说她吸食鸦片,那是不正确的。

当然慈禧还有一项嗜好不能不说,那就是她爱看戏。在宫中演出的很多戏是太监演的,布景也是太监制造的,剧本有时还是慈禧的作品。宫中有戏曲训练班,专门训练太监演文武戏。布景还有一些特制的,如演《罗汉渡海》,台底下有水井一口,令太监用辘轳汲水,拿唧筒从鳌鱼嘴中打出,以增强效果。又《地涌金莲》的戏,是从台底下慢慢钻出四朵大莲花来,每一朵莲花上坐一尊菩萨,极为壮观。宫中演戏的地方有宁寿宫畅音阁、万寿山德和园、圆明园同乐园等处。演戏常由早上唱到晚。慈禧从咸丰时代即陪皇帝看戏,她本人也会唱戏,宁寿宫当差的老太监耿进喜回忆说:"老太后可甚么都懂,甚么都会,昆腔、二簧全成。"有时候还能指导演戏的太监,"拨正了几句",堪称是戏曲的行家。

慈禧也讲究养生之道,她有不少保健的药方,如《长寿医方》、《补益医方》以及一些专治眼、发、鼻、耳、牙、颜面神经、咽喉、肺痰、脾胃、肝、肾、皮肤及避瘟等等药方百种以上,已经由专家汇集编成《慈禧光绪医方选议》一书了，这里不拟赘述。

慈禧的生活起居、习惯爱好，虽然有些是不错的，但终究给人以极尽奢华的感觉，不甚可取。

四十九
慈禧与权监

"权监"就是有权势的太监。清朝本来不可能有权监，因为在满族入关统治中国之初，有鉴于明朝的太监祸国殃民，在顺治时代就订立了规章：太监不得官阶高过四品，太监不许擅出皇城，太监不得干涉外廷事务，太监不准购置田屋产业等等。如有违规的就正法，希望能有"防禁既严，庶革前弊"的效果。

然而这一家法到同光时代被慈禧破坏了，她宠任几个太监，因而有了"权监"的出现。如安得海（一作安德海）、李莲英（原名李连英）、崔玉贵、小德张等，都是人们熟知的。由于篇幅所限，而权监中也有权势与影响力的不同，不能尽举。本节仅就安得海与李莲英二人作一简要叙述。

安得海，直隶青县人，在咸丰七年十月二十七日由辅国公载冸门上送入宫中的，那一年他才十四岁，时当慈禧生子载淳、晋封为懿妃的后一年。据野史《清稗类钞》、《奴才小史》、《清朝野史大观》、《十叶野闻》等书所记：安得海聪明伶俐，为人狡狯。他"艺术精巧，知书能文"，并"能讲读《论》、《孟》诸经"，且善于逢迎，"以柔媚得太后欢"。甚至还有人说慈禧对他"语无不纳"，"厥后遂干预政事，纳贿招财，肆无忌惮"。他又"笼络朝士，使奔走其门，势焰骎骎"。由于得慈禧宠爱，连恭亲王奕訢他也不予尊重，气得奕訢对亲信说过："非杀安，不足以对祖宗、振朝纲也。"安得海也制造慈禧与慈安之间的矛盾，对小皇帝载淳也不畏惧。据说同治帝很恨安得海，曾做了一个泥人，时以小刀砍掉泥人脑袋，"杀小安子"以泄愤。这些都是传闻野史，不过，安得海的罪恶行径已经跃然纸上了。

北京一档馆的学者唐益年，在清宫旧档中为我们找到一批可信的资料，他对安得海的看法是这样的：

（一）安得海入宫后确实受到慈禧的宠爱，曾为他取了"灵珊"、"伶珊"等可爱的小名字，当然可以说明在慈禧眼中，这小太监是"伶俐"的、"有灵气"的人。

（二）慈禧垂帘听政之后，一些原本应由总管或掌案首领太监办的事，如传送懿旨等，慈禧竟让安得海承办，可见太后对他重用与信任的程度。

（三）同治四年六月，山东道监察御史穆缉香阿上疏指出"溯自汉末及前明，朝政之失，半由宦寺"，希望太后"选忠正老成者为我皇上朝夕侍从，庶将来亲政，必不致受其欺蒙蛊惑"，"万不可使年轻敏捷之人，常侍左右"。行文里虽没有提名道姓，但大家都知道是指新近窜起的安得海而言。慈禧看了奏折之后，不但不发怒反而大加赞许，对安得海也没有作任何不利的惩处，真是所谓的"说而不绎，从而不改"。可见慈禧对安得海仍是宠爱的。

（四）据清宫档案所记，安得海在同治七年七月还被赏七品顶戴，两个月后又升为六品顶戴蓝翎太监。更令人不可想象的是，此时安得海在宫外已经有了自己的宅院，甚至还花钱买了一个老婆安马氏。

唐益年先生说："慈禧太后宠爱安得海，是实实在在的事情，毋庸置疑。"

安得海在经历升官、购地、娶妻等等大得意事后不到两年，竟被斩首死于异乡山东。这件事值得一述。

事情发生在同治八年七月,安得海率领了太监与宫内当差以及雇觅的镖手一行几十人,出宫南下,说是为皇帝大婚到苏州采办龙袍,从通州搭船,船上高挂大旗"奉旨钦差采办龙袍"字样。船上设有女乐,一路上品竹调丝,设宴作乐,颇引沿岸人们的注意。七月二十日,船抵山东境界,由于临清一带运河水浅,改由陆路行走,一行人在路上声势烜赫,对官兵肆行恐吓。但是安得海等并未有谕旨、传牌勘合等公文在身,所以在山东泰安县被巡抚丁宝桢下令逮捕,解送济南省城审问。安得海开始还有恃无恐地言说是奉慈禧之命办事。丁宝桢认为他未带文件,而且一路违例携带妇女,妄用禁物,招摇各地,实在不当,于是将他们收监候旨。

丁宝桢以极速件送奏折进京,八月初二日送达,第二天,经过两宫太后同意,军机大臣就以皇帝名义颁降了一道密谕:"……该太监擅自远出,并有种种不法情事,若不从严惩办,何以肃宫禁而儆效尤!着马新贻、张之万、丁日昌、丁宝桢迅速派委干员,于所属地方,将六品蓝翎安姓太监严密查拿,令随从人等指证确实,无庸审讯,即行就地正法,不准任其狡饰。……"八月初六日丁宝桢收到谕旨,第二天即派人将安得海正法了。

八月十一日,朝廷接到丁宝桢已将安得海斩首的奏报之后,又立即发出了第二道上谕,强调"整饬宦寺,有犯必惩"是我朝家法,安得海胆大妄为"实属罪有应得",并警告宫中各处太监"自当益知儆惧"。朝廷及宫中对安得海案件的处理可以说既果断而又合法合理。不过,当时以及日后对安得海被杀有多种看法,例如:

有人认为安得海是宫廷斗争的牺牲品,是慈安、同治帝、奕訢联合打击慈禧,削弱她羽翼的一个措施,很多人都相信此说。《十叶野闻》里还说:丁宝桢的奏折到京时,慈禧"正观剧取乐",恭王乃立刻向慈安请示,得到允诺后,便降旨命丁宝桢杀了安得海。瞒着慈禧决定降旨杀安得海,这件事在当时垂帘制度下是不可能的,因为必得两宫同意才能正式降旨,况且奕䜣又何必为一个安得海而大大得罪慈禧呢?

也有人提出"杀安得海是慈禧的一大阴谋",想以小安子来探知慈安、奕䜣的真面目。安得海的被杀也促使慈禧决心除去慈安、奕䜣这两个心腹大患。这种看法不能成立,因为慈禧不需测试根本就了解他们是她取得权位的最大绊脚石,何必绕圈子多此一举呢?

我个人有一个未必正确的想法,安得海少不更事也少年得志,竟做了购买田屋、娶妻等违反宫规的事,而且当时的人都对他很不满。同治八年四月,薛福成到山东拜谒丁宝桢,两人相谈甚欢,临别时丁巡抚感叹道:"方今两宫垂帘,朝政清明,内外大臣,各司其职,中兴之隆,轶唐迈宋。惟太监安得海稍稍用事,往岁恭亲王去议政权,颇为所中。近日士大夫渐有凑其门者,当奈何?"后来翁同龢得悉安得海在山东被捕、家产查封,连呼:"快哉!快哉!"直隶总督曾国藩听到消息,高兴地对薛福成说:"吾目疾已数月,闻是事,积翳为之一开。稚璜(丁宝桢字),豪杰士也!"李鸿章阅《邸钞》,兴奋得跳起来,传示幕客,大叫:"稚璜成名矣!"从这些人的言论与文字中,不难看出安得海的不得人心,他的为非作歹已是触犯众怒了,慈禧难道毫无所闻吗?聪明如慈禧、贪权如慈禧的人,当然会知道权监安得海才是她未来登上权力高峰的绊脚石呢!能不除去吗?她可能随口答应了安得海出宫采办龙袍的要求,甚至故意暗示安得海去苏州,让他违反法条被杀。宫中接到丁宝桢的密奏之后,她没有任何犹豫就同意杀掉她宠爱的小安子,以示她公正无私、严守宫规,获得了不少廷臣的赞赏。而且内务府的奏报中透露了没收安得海的全部财产,后来由慈禧下令赏给她自己的弟弟照祥了。慈禧得美名,她弟弟得钱财,她家一举两得,何乐不为呢?

再来谈谈李莲英。据他的墓志碑文记:"公姓李氏,讳连英,字灵杰,平舒世家也。"平舒是唐朝时的古地名,今在河北省河间市一带。清宫档案中记他初入宫时叫李进喜。同治十年,安得海已死,他才得宠,经慈禧太后钦赐改名"连英"。"连"字改"莲"字是后改或被人误写,原因不详。现在史书上多用"莲"字，本文也从众。

李莲英生年有道光二十五年与二十八年两说，不过入宫时间则为咸丰七年十月十一日，由郑亲王端华门上送进，先在奏事处跑腿，后到景仁宫当差，前后服务了七年，直到同治三年四月才调到慈禧所居的长春宫。安得海被杀时，他也像有关的太监一样，受到牵连，予以处分。由于他聪明能干，"事上以敬，接下以宽"，从同治十一年九月起，开始发迹，赏戴六品顶戴花翎，同治十三年三月竟被破格任命为储秀宫掌案首领大太监。光绪五年十二月，李莲英升为四品花翎总管，当时他三十几岁。光绪二十年正月，他又被恩赏二品顶戴花翎，权势更是显赫。他在二十多年的时间里，由普通的八品太监，一跃升为二品花翎总管，升迁之快，是有清历史上仅有的。

李莲英显然非等闲人物，他应该是个非常圆滑狡黠的人。安得海的例子就是他的前车之鉴，他知道无论如何都不能做出对慈禧名誉以及权位有损的事，时时处处必须让慈禧高兴，帮慈禧维护权益。他也了解慈禧是个极端现实的人，不是专用感情的女流之辈，因为他曾得到过慈禧赏赐价值千两白银的狐裘，但他也被慈禧重罚过二百多两的巨金。所以李莲英不会得意忘形，而谨守规矩地为慈禧服务，他绝不能留下把柄，让王公大臣们有借口做出对慈禧不利的事。

慈禧也对这样忠诚的奴才着意保护过，如光绪十二年陕西道监察御史朱一新为李莲英随总理海军大臣醇亲王奕譞一同去天津校阅北洋海军之事，上奏说："乃今夏巡阅海军，太监李莲英随至天津，道路哗传，士庶骇谔，意深宫或别有不得已苦衷，匪外廷所能喻。然宗藩至戚，阅军大典，而令刑余之辈厕乎其间，其将何以诘戎兵崇体制？"慈禧览奏大怒，命朱一新拿出证据。朱一新对李莲英的"妄自尊大，结交外官，干预政事"举不出实证，而且公开承认是"风闻"入奏。慈禧抓着机会，痛斥了朱一新一顿，并讥讽他"书生迂拘"、"才识执谬"，不足胜言官之任，下令降为主事。

光绪十四年江苏学政王先谦上奏指李莲英"秉性奸回，肆无忌惮"、"夸张恩遇，大肆招摇"，请求朝廷"严加惩办"，但也没有实证，当然不了了之。

光绪二十年底福建道监察御史安维峻上疏批判《马关条约》的丧权辱国，指责李鸿章误国卖国，也牵连到李莲英受贿包庇北洋无能将帅大臣等事。他更大胆地提出"和议出自皇太后，太监李莲英实左右之"的"市井之谈"，表示质疑。又指桑骂槐地说："皇太后既归政皇上矣，若犹遇事牵制，将何以上对祖宗，下对天下臣民？至李莲英是何人斯，敢干预政事乎？如果属实，律以祖宗法制，李莲英岂复可容！"这番话很清楚地直指慈禧本人，她当然不能容忍，根本不要安御史提出实证，便下令将他革职充军。

李莲英所以能维持在宫中的地位，是他深知慈禧的贪恋权财的脾气禀性，他在这方面永远不留把柄给人，永远不会损害到主子的名誉与实权，这是能得善终的主要原因。

慈禧于光绪三十四年十月二十二日死亡，李莲英也在办完大丧典礼后一百天左右，即宣统元年二月初二日，离开了他服务五十多年的皇宫，当时内宫主政者是慈禧的侄女隆裕皇太后，她为了感谢他在宫中多年的服役，准他"原品休致"。两年后，李莲英病死在北京自己的家中，清宫还下令赐银一千两，赏葬在京西恩济庄太监墓地，李莲英也算是死后哀荣备至了。

一九六六年，大陆红卫兵为破"四旧"将李莲英墓损毁殆尽，这位权监竟遭到如此的身后劫难，亦属大不幸事！

五十
身后劫难

光绪三十四年十月二十二日慈禧薨逝,先停棺木于宁寿殿,后移到煤山脚下,等待吉日奉安到清东陵安葬。在这约一年的期间,祭祀一直不断,前后焚烧过无数的纸人、纸马、楼库、器皿、松亭、松桥、衣帽、鞋履、衾枕、被褥等等。宣统元年(公元1909年)七月十五日"中元节"这一天的祭祀活动中,在东华门外烧了一只"大法船",据说价值十几万银两。这条用纸扎成的大船长二十二丈、宽二丈二尺(或说长十八丈余、宽二丈。清制,一营造尺合三十二公分),船上有糊以绫罗绸缎的亭台楼阁,还有侍从、太监、仆妇及一切器物等纸扎品,其旁环跪着身穿礼服的官员,一如平日召见臣工时的模样,摄政王载沣以皇帝名义在船前举行祭典,祭后举火焚烧。十多万两白银即化为乌有。到了奉安前一两天,所焚纸扎人物、驼马、器物,更是不可胜计。

英国《泰晤士报》记者报道说:"(光绪)皇帝丧费不过四十五万九千九百四十两二钱三分六厘;而太后之丧费,则在一百二十五万至一百五十万两之间。"可见花费之多。

奉安大典在宣统元年十月初四日举行。出殡的行列浩浩荡荡,皇家要员倾巢而出。送葬队伍中有万民旗、万民伞、上千人的法架卤簿仪仗队，数不清的金瓜、钺斧、朝天镫，真是刀枪如林，幡旗蔽日。慈禧的梓宫由一百二十人一班轮流抬扛，棺椁装饰成轿子模样，取名"吉祥轿"。跟在这"轿"子后面的是十几路纵队的军装兵弁，最后由数千辆车子组成的大车队，载着皇亲国戚与文武官员。整个送葬队伍蜿蜒十几华里，"统观全队，炫耀威严之景，使人印于心而不忘"。喜欢消费的慈禧，最后还让国人为她付出这一大笔的账单。

慈禧的墓地坐落在北京东北遵化县清东陵的昌瑞山南面，与慈安的墓地并立于咸丰帝定陵东侧，统称为定东陵。同治十二年（公元1873年）三月十九日，已撤帘归政的慈安、慈禧两位太后，亲选定陵旁的普祥峪、普陀峪分别为她们未来长眠的"万年吉地"，八月二十日破土兴工，到光绪五年（公元1879年）六月二十二日竣工。慈安陵用银二百六十六万五千余两，慈禧陵则用银二百二十七万两，当时完工的这两座陵寝算是清代诸后妃陵中相当好的了。光绪二十一年，发生中日甲午战争的后一年，其时慈安已去世十多年了，慈禧竟在国家负担巨大赔款压力与国内罕见灾荒经济萧条时，不顾国家财政困难，下令将方城、明楼、宝城、隆恩殿、东西配殿等主体建筑全部拆除重建，朝房、值房等附属建筑揭瓦大修。这些工程到慈禧死前几天才正式完工。由于所用工料贵重、工艺高等、装修华丽，耗费的工资真是惊人。除此之外，慈禧的随葬品在价值与数量上都是令人叹为观止的。当时的随葬品大约可以分成两部分：

一是生前放进墓中金井的珍宝。据清宫档案《大行太皇太后升遐记事档·普陀峪金井安放帐》所记，生前一共分六批向金井中放下珠宝珍品，时间分别是光绪五年三月二十五、十二年三月十二日、十六年闰二月十九日、二十八年三月初十日、三十四年十月十二日以及同年同月十五日，先后投下的宝物计有金枣花扁镯一对、绿玉福寿三多佩一件、红碧玡镶子母绿别子一件、红碧玡长寿字佩一件、正珠手串一盘、黄碧玡葡萄鼠佩一件、红碧玡葫芦蝠佩一件、绿玉佛手别子一件、红碧玡双喜佩一件、白玉灵芝天然小如意一柄、白玉透雕夔龙天干地支转心璧佩一件、红碧玡一件、金镶万寿执壶二件、金镶珠石无疆执壶二件、金镶真石玉杯金盘二分、金镶珠杯盘二分、雕通玉如意一对、金佛一尊、玉佛一尊、玉寿星一尊、正珠念珠二盘、五等正珠念珠一盘、雕珊瑚圆寿字念珠二盘、珊瑚念珠一盘。

　　二是死后入殓随葬的珍宝。内务府簿册记载了有关的物品与数量，摘要录之，计有正珠、东珠、红碧玡、绿玉、珊瑚寿字、珊瑚喜字、珊瑚雕螭虎、龙眼菩提等朝珠；大正珠、正珠、东珠、红碧玡、紫碧玡、绿玉莲子、珊瑚等手串；正珠、红碧玡、绿玉、珊瑚圆寿字等念珠；绿玉兜兜链、正珠挂钮；金镶正珠、金镶各色真石珠、金镶珠石、金镶各色真石、白钻石葫芦、金镶红碧玡正珠、金镶藤、镀金点翠穿珠珊龙头、白镶各色真石福寿、绿玉等镯；正珠、东珠、金镶正珠龙头等软镯；绿玉、茶晶、白玉皮、玛瑙等烟壶；洋金镶白钻石、洋金镶珠口带别针等小表；洋金镶白钻石宝桃式大蚌珠、白玉鱼蚌珠、白玉羚羊等别子；白玉透雕活环葫芦、绿玉透雕活环、珊瑚鱼等佩；汉玉珞；汉玉仙人；汉玉洗器；白玉猫；黄玉杵；汉玉针；汉玉羚羊；雕绿玉搬指；蓝宝石、红碧玡、紫宝石、子母绿、茄珠、大小正珠、绿玉、蚌珠、绿玉镶红碧玡等抱头莲；珊瑚、绿玉、金镶红白钻石等蝙蝠；金镶红白钻石蜻蜓；金镶白钻石蜂；红碧玡、绿玉穿珠菊花；金镶各色珠石万代福寿、金镶钻石等冠口；金翠珠玉等佛手簪；红碧玡、绿玉、珊瑚、红蓝宝石、子母绿等镏；黄宝石、钻石、红碧玡、白钻石、大正珠等帽花。另据慈禧身边宠监李莲英的侄儿所写《爱月轩笔记》记述，李莲英经办丧事并参加葬礼，他见到随葬品的情形是："太后未入棺前，先在棺底铺金丝所制镶珠宝锦褥一层，厚约七寸。褥上覆绣花丝褥一层，褥上又铺珠一层，珠上又覆绣佛串珠之薄褥一。头前置翠荷叶，脚下置一碧玡莲花。放好后，始将太后抬入。后……身着金丝串珠彩绣礼服，外罩绣花串珠褂。又用珠串九练围后身而绕之，并以蚌佛十八尊置于后之臂上。以上所置之宝，系私人孝敬，不列公帐者。众人置后,方将陀罗经被置后身。后头戴珠冠,其傍又置金佛、翠佛、玉佛(红宝石佛)等一百零八尊。后足左右各置(翡翠)西瓜一枚、甜瓜二枚,桃、李、杏、枣等宝物共大小二百件。后身左旁置玉藕一支,上有荷叶莲花等。身之右旁置珊瑚树一枝,其空处则遍洒珠石等物。填满后,上盖网珠被一个。正欲上子盖时,某公主来,复将网珠被揭开,于盒中取出玉制八骏马一分、十八玉罗汉一分,置于后之身旁,方上子盖。"在所附账单中,另有漏列之朝珠三挂、活计十八子珠镜、翡翠白菜二颗、番佛四十八尊等等。

以上哪一种说法可信,我们已无法考证,因为慈禧的墓在她死后十九年,被民国的军阀盗掘了,珠宝洗劫一空,连慈禧的尸骨也尽遭暴露而且部分损毁了。

慈禧的普陀峪定东陵,在民国十七年(公元1928年)被人有计划大规模地盗掘。这件事后来在北方以及全国报纸上都作了惊人的报道,日后也有专家写过专文,现在我就择其重要的事实,略述如下:

清朝覆亡后,国民政府因溥仪逊位,给了清室八项优待条件,其中之一就是设置护陵大臣,保护清朝历代帝王陵寝,同意陵寝内驻守八旗官兵。当时局势动荡,盗匪猖獗,镇守各陵的官员常常不住在衙门内,又有各方军阀擅闯陵区,砍伐林木变卖,以致大量苍松古柏惨遭砍锯。东陵的护陵大臣由皇亲毓彭担任,他不但不尽护陵之责,反而勾结下级官员盗卖大量东陵的金银器皿、高级供物,包括铜炉、铜鹤、铜鹿等等陈设,从中渔利。护陵大臣的行为如此,当然下属官员、附近的居民以及地方土匪很快都纷纷效尤了。他们拆盗楠木家具,甚至毁损陵殿饰件,盗得的赃物不绝于途,结果引起了国民革命军与奉系军阀的眼红,双方为争地盘而爆发战争。奉军不敌,革命军军长孙殿英便占领马兰峪一带东陵区,慈禧陵被盗事不久便发生了。

民国十七年七月初,孙殿英部下谭温江率兵在东陵一带,白天设岗断绝行人车辆,深夜则动用工兵爆破陵墓。他们显然得到熟悉建筑人士的指导，先炸开墓地明楼下的金刚墙，打开进入地宫的通路，然后以电光照明，再用兵器撞开两道石门，找到慈禧的金丝楠木棺材。撬开外棺，用利刃切开内棺，揭下薄木制成的"子盖"，终于见到了入土二十年的慈禧遗体。盗匪们先争相取得尸体周围的珍宝，据说有翡翠西瓜、蝈蝈白菜、粉红水晶莲花、珊瑚树等，再将尸体下的珠宝全部取尽。随后又把慈禧尸体上的龙袍脱下，撕掉内衣，扯下鞋袜，把周身珠宝搜索精光。她的牙也被撬开了，因为要拿到含在嘴中的一颗特大明珠。这次劫难，给慈禧确实带来生前未有的大羞辱。

当盗陵部队回驻扎地休息时，一名叫张岐厚的随从兵又悄悄地回到墓地，他从地宫角落处捡得十几颗珍珠，又在龙袍上拆下两把珠子，溜回军营。在谭温江部盗掘慈禧陵的同时，孙殿英命令属下另一支队伍去盗掘附近的乾隆帝后陵寝——裕陵。乾隆帝也是"大户"，墓中珍宝也极多，所以这次孙殿英出兵，除了打败奉系军队外，还趁机掏空两个大大有名的陵墓，真是满载而归。七月七日，孙殿英的两股盗墓人马在完成"任务"后，离开东陵区，开往热河，而在行军途中，张岐厚就开了小差，携带着珠宝逃走了。

普陀峪定东陵、裕陵被盗后，护陵大臣毓彭没有敢向住在天津的溥仪"流亡政府"报告，自己偷偷逃回北京躲了起来。

这一年秋间，张岐厚在天津卖掉珠宝想乘船南下时被逮捕了，军队盗陵事才被报纸披露出来，一时轰动全国。正在此时，北平警备司令部也抓到主持盗掘的谭温江师长以及收买他赃物的琉璃厂古董商黄百川，盗陵的事从此更真相大白于天下。溥仪在天津先搭造灵堂，祭祀乾隆帝与慈禧等人的亡魂，把毓彭除名宗室，并召开"御前会议"，派专人去处理东陵善后事宜。

孙殿英是河南人，不识字，年轻时好赌，外号孙大麻子，早年在清军中带过兵，民国后投冯玉祥麾下，当过安徽省主席、国民革命军第十二军军长。他对盗掘东陵事直言不讳，并提到墓中不少珍宝送给了蒋介石、何应钦、宋子文、孔祥熙等人，所以他才能保全了自己，这些事姑妄听之吧。不过，孙殿英在抗战期间，先当了冀北民军司令打日本，后来在民国三十年时投靠了日本。四年后他在河南汤阴战役中被中共军队俘获，最后死在北京监狱之中。

慈禧太后威赫一生，没有想到身后有此劫难，而且受到暴露身躯的极大羞辱，这是她贪权、奢华几十年的因果报应吗？很值得我们深思！

结语
我评慈禧

在帝制中国的旧传统社会里，一直有着男尊女卑的观念。一般家庭中都是男主外、女主内，女人出头是会引起非议的。国家的当权者中如果出现了女元首，更是被视为反常，"牝鸡司晨"就是对女人当权所作的讥讽成语。慈禧太后生活在帝制中国的最后一个朝代，她当上了女主，而且主宰晚清政局近五十年，大家对她的负面评论自属难免。加上她专断的行事作风，错误的治国政策，给国家民族带来不少灾难，世人对她评价恶劣是可以想象得到的。

在慈禧太后尚在掌大权的时候，就有人攻击她了。除了政府中的御史以及一些清流人士对她的恋权享乐、不容异己作些陈述与微词外，戊戌政变以后康、梁在海外对她的指斥就更多更凶了，说她的统治地位不合法，说她的祸国殃民是"自生民以来未有此凶祸者也"等等，都是能深植人心的，不但丑化了慈禧个人，对清朝覆亡与革命军兴确有推动的作用。

过去一百年间，无论是在台湾海峡两岸，或是世界上华人聚居与外国人对慈禧有兴趣的地方，无论是在专家学者的论著中，或是学校教科书、历史小说、电影、戏剧以及电视连续剧等媒介作品中，慈禧几乎都已被定型为祸国殃民、罪孽深重的人物，这种印象似乎已经不能改变了。尽管有早年像王国维等的名家为赞誉慈禧写过《慈禧三大功德记》、美国作家谢古里夫（Sterling Seagrave）出版《龙后》（*Dragon Lady*）一书，想为慈禧辩护但效果不佳。现代学者汪荣祖、徐彻、隋丽娟等人也著书立说，强调对慈禧的评价不能泛政治化，汪教授以为"将满清帝国的覆亡，完全归罪于她，殊非平心、公允之论"。徐教授说："对慈禧太后实行的是一点论，一棍子打死。从想当然的概念出发，历史事实为先决的概念服务，往慈禧太后的身上泼了许多污泥浊水。……但是，历史事实并不是这样。……我主张对慈禧太后也要两点论。慈禧太后做过一些坏事，也做过一些好事。她做的坏事我们要批判，她做的好事我们要肯定。"隋教授则认为，"当我们回顾与品评她的功过是非的时候，只能以人性化的视角，尽量还原她和她所处的时代。"他们的影响如何，尚未可知，但愿能对前人的贬抑、谴责作一些修正的工作。

我自己对慈禧的一生则有如下的一些个人看法：

第一，作为一个自然人，慈禧的一生遭遇是可悲的。她的父亲惠征一辈子没有做过什么高官，最后却以"亏款"、"带印脱逃"等等难堪罪名被革职查办，终至死在江南。她的夫君咸丰帝奕詝算是一个颓废不振的君主，在位期间内忧外患纷至沓来，被逼得逃离京城、弃守宗庙，生命的末期又耽于酒色，驾崩热河，跟她父亲一样，也是客死异乡。儿子同治帝载淳，更令她失望，皇家虽聘请了名儒大师为他讲课，他却不喜读书，无意学习，长到十六岁时仍是读不通大臣们所进呈的奏折。相反地，他贪玩成性，"因之宵小乘机诱惑引导，遂至逐日惟嬉戏游晏，耽溺男宠，日渐羸瘵"。学问不长进，身体也很糟，要他变成一位英主明君当然很难了。尤有甚者，同治帝对生母的叛逆性极强，经常站在别人一边，反对生母，这使慈禧非常不乐。还有慈禧的父、夫、子三人都未得永年，算是短命。以旧时代妇女的"三从"，即在家从父、出嫁从夫、夫死从子来说，她的"三从"之乐实在不多。总之，她亲眼看到父亲的悲惨命运，她自己也没有享受到一般幸福女人的男欢女爱以及母爱的温暖喜乐，这些不圆满相信会影响她的性情与性格的发展。

第二，慈禧出生后，虽然经历了一段"在家从父"的时间，但生活也不如普通人家的儿女那样地单纯快乐。她的祖父景瑞从嘉庆十一年（公元1806年）起，将近有三十年的时间都在京中刑部做小官，道光二十二年（公元1842年）因政绩不差，由刑部推荐并得皇帝初步同意外放他"江苏以知府差遣使用"，不过在由刑部引见时，道光帝对他的印象颇为不佳，被认为"才具平庸，不胜知府之任"，只好又回到原衙门做官，这一年慈禧是七岁。一年以后，清政府又下令清查户部银库亏空大案，发现多年来竟有九百二十五万二千多两的白银亏空。道光帝大怒，责骂历任户部主管官员"丧心昧良，行同背国盗贼"，下令彻查。最后决定"历任库官、查库御史各按在任年月，每月罚银一千二百两，已故者由子孙照半数代赔"。慈禧的曾祖父吉郎阿正好在户部任过官，也被列为赔款人之一；因吉郎阿已去世，所以由他的儿子也是慈禧的祖父景瑞来代赔白银二万一千六百两。这对慈禧一家来说，真是飞来横祸。由于无法一时赔缴，景瑞就在道光二十七年（公元1847年），被革职关进牢房，等追缴后再放出，当时慈禧年已十三，相信这场家变会让她感到震惊与不安。其后在她父亲惠征向亲友告贷、变卖家产以及用其他方式筹措之下，才将景瑞保释回家。这一家的生活必然受到影响，尤其是经济方面，一定会窘困不堪的。惠征后来到安徽做官，确有捞钱的事实，可能与他家赔偿户部亏空有关。不过无论如何，这些事都是在慈禧童年至青少年时代发生的，钱财与权力的印象怎能不在她的心灵烙上深深的印记呢？

第三，慈禧小时候是受过一些教育的，甚至还学习过绘画、书法，不过造诣不深，这一点我们可以从她罢黜恭亲王奕䜣的谕旨中错别字很多得到证实。然而她不甘心做一个文盲似的人，因此她入宫后还不断地学习，学看大臣奏章的内容，学经、史书籍中的微言大义。更难得的是，她能与时俱进，学习西洋知识，从富国强兵的洋务问题到西洋各国的史地专书以及英国语文，她都接触过，只是不求甚解，仅得皮毛，获益可能不多。她有心学习是应该受到肯定的，但是这类语文能力与经史知识对她处理政务、运作国家机器都可能无大帮助，对她权位的巩固与维持可能倒有些裨益。西洋人说："凡存在的，必有其道理。"慈禧固然是"母以子贵"，但她如果没有这些基本的政治才识，相信她的高贵地位与独尊权威也是不能如此持久的。

第四，作为一个政治人，慈禧不但具有基本政治才能，她还富有机敏、睿智、决断、阴险等特点。她在初试啼声的"辛酉政变"中，设计缜密、处理精当、呼应巧妙、行动准狠，在在显现出她手段的高明。政变之后，又"公开焚毁"在肃顺等人处搜得的有关证物，不牵连其他官员，安抚反对势力，更是让不少人有"恩泽惠下"的感觉，这些人当然就会心悦诚服地为她服务了。她对恭亲王奕訢的先重用重赏，后再予罢黜也运用得很好。但她了解全部剥夺奕訢权力的时机尚未成熟，因此只削掉他"议政王"的头衔，让恭王不敢小觑她，其他王公大臣也随之俯首帖耳地臣服在她的面前了。慈禧在垂帘听政之初，斩杀两江总督何桂清与参与辛酉政变有功的大军头胜保，表面上看是"以明官纪，整饬官箴"，实际上也是给满汉文武官员们一种儆戒，并藉以维持法纪，也算是一着妙棋。对于曾、左、李等汉人委以重任，置诸高位，她知道可能是有危险的。对于推行洋务运动，也可能不是她衷心愿意的；但是为了挽救清朝于危亡，为了强化她自身的声望地位，她还是走了这一步险棋，而且得到了她预期的效果。"甲申易枢"更是慈禧表现才华的事件，她先利用了清流派的日讲起居注官盛昱上书，严词弹劾以奕訢为首的军机处多位大臣，说他们"轻信滥保"官员，说他们"阿好徇私"，以致中法战争一败涂地，有关大臣应"交部严加议处"。慈禧得到这参本之后，召见了盛昱，假装难过失望，说大臣们竟然俯仰徘徊、坐观成败，实在要更动他们才是。据说她与盛昱谈话时还流了眼泪。没有想到慈禧在不久后即颁降懿旨，将军机处全班人马罢斥，罗列他们的罪名有"委蛇保荣"、"因循日甚"、"谬执成见"、"簠簋不饬"、"昧于知人"等等，恭王也被开去一切差使。盛昱原本以清流自居，想出风头，不料惹下如此大祸，颇为后悔，因而再上书赞扬恭王、李鸿藻等人，希望能挽回他们的地位。可是慈禧却不再理他了，她达到了打倒恭王的真正目的。另外，在戊戌政变时，慈禧的沉着、阴狠态度也是值得一述的。光绪二十四年（公元1898年）四月二十三日皇帝发布《明定国是诏》、宣布变法维新后，慈禧也在二十七日以皇帝名义连发四道上谕，预先作好应付突发事变的政治准备。七月二十九日至八月初三日，慈禧与光绪帝在颐和园中共度了四天，在议事中虽有争执，但气氛尚算和平。八月初三日光绪帝返回北京，慈禧也在第二天赶到京城附近的西苑，事变显然快发生了。慈禧为顾及外国人的干涉，特别是日本人的不满，她对光绪帝在八月初五日与日本在野政治家伊藤博文的会面没有干预，可是第二天就宣布再度训政，囚禁光绪帝于瀛台了。随着又有斩杀杨深秀等"六君子"以及追捕康有为的命令，她在事前几乎不露什么迹象，但行动一开始却是有效而且极具威力的。类似事例还有一些，限于篇幅，这里不拟再举。相信读者诸君已能从以上史事中了解慈禧的政治手腕了。

第五，在同治帝继统之前，慈禧虽然已母以子贵，掌握大权，一般说来，她尚能遵守清朝祖制，做事不留别人以口实，态度是能屈能伸的，策略是依情势而定的。例如咸丰帝临终前丢下一个既非摄政又非垂帘的政体；结果慈禧想揽大权，肃顺等八大臣反对她干预政务，因而引起矛盾，导致冲突。御史董元醇在慈禧一派授意下上奏章，恳请两宫太后权理朝政并另简亲王辅政，这是赤裸裸地要向八大臣夺权，肃顺等当然十分气恨，乃以皇帝名义拟了一份谕旨，首先责斥董元醇的"请太后权理朝政"不合制度，其次责问"简亲王辅政"是何居心？慈禧也不甘示弱，不愿在谕旨上盖章，使谕旨不生效用。八大臣随即与两宫太后争吵，不得要领，于是干脆罢工，使中央机器不能运转。慈禧知道此事十分严重，会影响全国政局的稳定以及皇家自身的安全，因为热河行宫毕竟是八大臣势力范围，无法与他们抗争，于是她选择了退让，留待日后再算账吧。八大臣批驳董元醇的谕旨一字不改发出了，他们也"照常办事，言笑如初"了。慈禧是为了以时间换空间而让步的，终究在不久后消灭了八大臣的势力。

同治八年（公元1869年），太监安得海在慈禧的纵恿下出京去苏州，乘大船，挂龙凤旗，船上有女乐，声势烜赫，八面威风地下江南了。按清朝祖制，太监不准离京，违者杀无赦。山东巡抚丁宝桢捉拿了这个嚣张的宦官，由于他是慈禧宠信人物，丁宝桢不得不上奏请示，慈安与恭王先传令丁巡抚，慈禧并不知情，不过她看到奏章之后，只得降旨说："该太监擅自远出，并有种种不法情事，若不从严惩办，何以肃宫禁而儆效尤！"安得海在山东被就地正法了，慈禧不但没有背上破坏祖制的罪名，反而抬高她大公无私的声誉。

同治十二年（公元1873年）九月二十八日，亲政不久后的皇帝降旨要重修圆明园，表面上是说为报答母恩，替生母慈禧重修园林，"以备圣慈燕憩用资颐养"，不过，同治帝可能也别有用心，希望把生母送出紫禁城，不再干预他的施政以及游乐的生活。但是谕旨发布后第三天，御史沈淮即上奏以为"今时事艰难，仇人在国"，不宜遽议兴修；游百川则"袖疏廷诤，谔谔数百言，声震殿瓦"。同治帝初以高压手段阻止，甚至革去游的御史职务。但修园是大工程，花费是庞大的，慈禧显然在最初同意兴修，但眼见反对声浪愈来愈大，最后连恭王、醇王、御前大臣、军机大臣都出来要皇帝"重库款"。同治帝十分生气，降旨将恭王、醇王以及其他十多位中央重臣一起革职。慈禧谙熟朝政运作，知道王公大臣如果一旦全都革职，国家必立即生乱，所以赶到内殿中强令皇帝收回成命，并停止工程。她又成功地演出了一场大戏。

光绪二十年（公元1894年），慈禧六十大寿，当然要盛大庆祝一番的。事实上，早在十八年底，皇帝就在上谕中提到全国臣民都要热烈参加庆贺。第二年又下令成立庆典处，随即展开一切筹备工作，希望做到隆重豪华，以博得慈禧的欢心。然而扫兴的是日本人在太后的寿诞之年发动了甲午战争，清海陆军连遭败绩。战事紧急，军费开支庞大，因而有不少官员上书，呼吁停止庆典工程，请将祝寿费用移作军费。慈禧心中实有不甘，但她最后还是无奈地宣布庆典只在宫中举行，颐和园受贺事宜及一切景点，都全部停止。尽管这是慈禧的敷衍让步，但花费毕竟省下可观的一笔了。最值得一提的是慈禧一直没有学武则天正式称帝，可见她还是有些自制的。总之，慈禧是能审时度势作出较好的安排。其后还有很多类似的事是可以一述的，这里暂且不赘述了。

第六，慈禧一生的表现，在很多地方并不如以上所说那么好，譬如在政坛上她贪权恋位，就暴露了她人性中的大弱点。从她入宫以后，她的心态显然就不正常，整日想到的可能都是生存、权位等问题。她家祖父为追赔坐牢以及父亲因亏款或是带印脱逃被褫职等伤心事也会不时浮上她的心头，这对她的心理与性格必然有些影响，让她对险恶惨烈的现实斗争也会产生一套自己的逻辑。因此在日后的遭遇中，不论是辛酉政变、打击恭王、中法之战、中日之战，或是戊戌政变、义和拳乱、推行新政等等重大的中外事件，她知道政治斗争不能慈悲，不能犹豫，要残忍为先，杀戮是尚；否则自己不但权位不保，连性命都会堪虞，得到的可能只是凄惨不幸的收场。另外，我们也可以从人类自私欲望方面来观察一下慈禧。她入宫后从第六级的贵人跃升到第三级的贵妃，得来不是易事，但她终究挣得了。在她七十四年的生命史中，她经历过咸丰、同治、光绪三朝的风风雨雨，立过载淳、载湉、溥仪三个国君，三次垂帘，两度训政，前后历时四十八年，在古今中外的历史上，像她这样的人物实在罕见。她执政掌权时，打击过恭亲王奕䜣，甚至压迫过醇亲王奕譞，囚禁过光绪帝，立而又废过大阿哥溥儁，她把这些有可能取代她最高权位的人全部打垮了。同时她还被人怀疑是与慈安太后、同治皇后阿鲁特氏、珍妃死亡有关的人。如此看来，她在皇室里、深宫中，显然也是一个心狠手辣、不顾情义的人物。她为什么如此的不似常人呢？答案很简单，她心里只有"权位"二字，凡是通往她最高权位途中的障碍物，她都必须清除；凡是向她最高权位挑战的，她必定消灭之。她坚持的思维是"逆我者亡"。

第七，慈禧在贪图享乐与生活上极尽奢侈方面的事，也是应该予以谴责的。尽管她在辛酉政变后十天，即咸丰十一年（公元1861年）十月初十日，发布懿旨给总管内务府大臣，强调宫中添制金银器皿要有节制，避免铺张，说什么"矧值四方多故，物力维艰，岂复容以宫闱器用耗天下之财力，……日后遇有此等事件（指金银器皿添置等），该管大臣等宜各仰体此意，以力行节俭为要"。同年十一月二十一日又下令宫中舆轿、伞扇、旗纛等物改镀金、镀银或改用黄铜，以昭节俭。翁同龢在他的日记中也记录了有关的事，可见引起当时大臣的注意。可是她真是实行俭朴生活吗？不见得。十月初十日是她的生日，在她降旨金银器皿酌予添置的同一天，为了祝贺她的寿诞，御膳房准备了一顿丰盛的晚餐，根据留下来的菜单，其中有火锅二品：羊肉炖豆腐、炉鸭炖白菜。大碗菜四品：燕窝"福"字锅烧鸭子、燕窝"寿"字白鸭丝、燕窝"万"字红白鸭子、燕窝"年"字十锦攒丝。中碗菜四品：燕窝肥鸡丝、溜鲜虾、胩鸭腰、三鲜鸽蛋。碟菜六品：燕窝炒熏鸡丝、肉丝炒翅子、口蘑炒鸡片、溜野鸭丸子、果子酱、碎溜鸡。片盘二品：挂炉鸭子、挂炉猪。饽饽四品：白糖油糕寿意、苜蓿糕寿意、五福捧寿桃、百寿桃。银碟小菜四品：燕窝鸭条汤、鸡丝面、老米膳、果子粥等等。在"四方多故，物力维艰"的当时，算不算是奢华浪费了一些？事实上，慈禧一辈子都是讲究吃的，专门为她做菜饭的御膳西膳房，下设荤菜、素菜、饭、点心、饽饽五个局，厨师都是京师里的名厨，他们能做点心四百多种，各式菜品四千多样。据太监所述与膳房资料可知，慈禧爱吃的食物有小窝头、饭卷子、油炸糕、八珍糕、酥皮饽饽、奶油琪子、烧卖、蛋糕、炸三角、粥、鸽松、和尚拜墙等。以粥品一项来说，就有荷叶粥、藕粥、绿豆粥、肉粥、果料粥、小米、老米、大麦、薏仁等粥，这些粥有的按季节食用，有的依她身体情况食用。平常她早餐有点心二十多种，晚餐菜式一般都有一百二十样。总之，在吃的一项就可以看出她的浪费一斑了。

慈禧穿衣也极其豪华，春、夏、秋、冬各有朝服、便装，通常都满挂珠宝，有由三千五百颗珍珠制成的披肩，有表面镶着珠珞与名贵宝石的鞋子。加上贵重的手镯、琳琅满目的戒指以及金护指、玉护指等等饰物，浑身珠光宝气，价值连城，根本谈不上什么节约。

两次重修园林，即重修圆明园与造颐和园，虽然好事多磨，未能尽如所愿，但是花费国家的钱财仍是非常可观的，这也是慈禧被大家批判的大罪之一。还有西苑的工程，八国联军入京后皇室西逃途中的生活开支，以及回銮时大修道路、大兴土木、建驿站、修行宫、举办祝寿活动等等，又是国库付了天文数字的银两为她埋单。在京城陷落、财政窘迫、人民生活于水深火热中时，如此挥霍，实在该被人诅咒。不但生前如此，死后的丧葬费用也实在惊人，除两度大修墓地所费不赀外，出殡、陪葬珍宝等耗资之巨更教人不能置信，可见她连入土还要带走一笔国家的财富，其贪财物、图享乐的罪孽行为实在天人共愤。

第八，如前所述，慈禧确实读过一些书，了解一些中外的事物，但她读书不求甚解，而且她把学到的知识只用在对王公大臣与皇宫内眷的权力斗争上，实在可惜。她是一个有智慧、有谋略、有旺盛战斗力、有坚韧忍耐心的人。然而她的理想却为自己打算的多，为国家人民打算的少，她常被权位与享乐冲昏了头脑，做出一些不顾国家人民的错事。她掌权将近半个世纪，就以清朝同光时代来说，正是东西洋各国科技发展、向外侵略的时候，在她垂帘或训政之日，至少有以下一些条约是经她同意后签订的，如：

　　　　同治元年的中葡《和好贸易条约》（后来才正式换约）
　　　　同治二年的中荷《天津条约》
　　　　同治二年的中丹《天津条约》
　　　　同治三年的中西（西班牙）《友好贸易条约》
　　　　同治四年与比利时的《通商条约》
　　　　同治五年与意大利的《通商条约》
　　　　同治八年与奥地利的《通商条约》
　　　　同治十二年与日本的《通商条约》
　　　　同治十三年与秘鲁的《通商条约》

这些名为友好、通商的条约，除与日本、秘鲁订立的以外，其他都是不平等、不友好的。订约的外国都得到了片面最惠国待遇、领事裁判权、关税协议等的权益，在号称"同治中兴"的时代，慈禧怎么可以不争取取消这些丧权辱国的条文呢？到了光绪时代，慈禧依旧垂帘或训政，而条约却是更为可怕了。光绪二年的中英《烟台条约》，中国开放了内河通商，让列强可以深入内地，洋货也能到内地销售获利。加上子口半税的条文，使中国财政收入受到损失。同时中国西南边疆及西藏的危机也由《烟台条约》开启了。光绪十一年的《越南条约》，使中国南部一些地区被法国人控制，而外国人在中国建造铁路也是从此得到依据的。光绪二十一年的《马关条约》，日本从中得到台湾、澎湖、辽东半岛等土地（辽东后来在俄、法、德三国交涉下归还了，但中国付了"赎辽费三千万两白银"），还允许日本在通商口岸进口机器、制造工艺品，开启了日后列强在中国攫夺设厂权、采矿权、建路权的先声。赔军费二亿两更使中国财经命脉行将断裂，瓜分之祸也因此条约而在不久后险些发生。光绪二十二年的《中俄密约》、二十四年的中德《胶澳租地条约》、中俄《旅大租地条约》、二十五年的中法《广州湾租界条约》、中英《展拓香港界址条约》等，中国已被列强划成多个"势力范围"，瓜分之祸迫在眉睫。当然更严重的是光绪二十七年的《辛丑和约》，除赔款四亿五千万两之外，道歉、惩凶、下罪己诏、尽撤北方国防等等条文，令清廷威信扫地、国家门户洞开，而国家负担的庞大财经压力，直接影响到清廷的覆亡。

就以上条约一项看，慈禧在同光时代当权，争权夺位她重视，签订丧权辱国条约她反而不在乎了，甚至还命令签约代表不惜一切地要"结与国之欢心"，赶快签字。

19世纪末叶正是世界上很多国家政治改革、经济繁荣、军事强大、科技日新的时代，中国却产生了一个自私自利、权力欲强、不谙外情、不顾国家民族利益的女主，实在是清廷的不幸，也是中国的不幸。

以上只是我个人对慈禧一生众多事件中的一些看法，结论未必正确，尚请方家君子与读者赐正。我们知道：慈禧一生是与晚清历史相始终的，她又是当时的国家女主，她的历史地位不能不评价。但是多年以来，由于种种原因，民间流传的说法与不少随笔札记，似乎都对她贬多于褒，甚至还有一些不实的传言，一直深植在后世人心中。尤其有作家们为耸人听闻，电视、戏剧制作者为增加收视率，加油添酱，巧笔虚构，把慈禧变成了一个不堪入目的人物。例如慈禧因丈夫早死，守寡多年，就有传闻说她与假太监安得海有染，结果小安子被杀了，丁宝桢将他的尸体暴露三天示众，证明他是一名真太监，这种事实也只能使谣言止于智者，到今天仍有小说、杂文照样写慈禧与太监的丑事呢！清末来华的一个英国牛津大学出身的作家拜克豪斯（Edmund T. Backhouse），他在中国十年（公元1898年~1908年），身后留下和清朝大人物交往经过的回忆文字，他说慈禧太后曾与他上过床，并且发生过一百五十次到两百次的性关系。他的书日后被西洋人奉为权威之作，慈禧的淫秽恶名又被远播到世界了。事实上拜克豪斯是个性变态的人物，喜爱同性恋，他的回忆录中很多事被专家考证是不真实的，汪荣祖教授就以为"回忆录所呈现的'自传式'记忆，近乎狂想曲，充分显示个人记忆之随意性，甚至透露心理或生理上的病态。他'重演'或'编制'往事时，将他所知的若干事情，掺杂了许多虚妄的想象，更暴露了宣泄性欲的愿望，以及难以掩饰的自恋与自大狂，并以中国的女主作为幻想的对象"。而英国著名史学家崔佛罗颇（Hugh Trevor-Roper）研究拜克豪斯的生平及相关文献后，更不客气地评论这部回忆录是"极其严重的、心心念念而又怪诞可笑的淫秽"之作，不足征信。我举出这个慈禧八卦的性丑闻例子，只是证明不少有关的传言、流言是不可尽信的。现在清宫珍藏的各类档案史料公开了，专家学者的很多论文专书也问世了，如果我们仍然以幸灾乐祸的心情看慈禧，仍然受清末泛政治化的影响评慈禧，那就不太公平了。我同意徐彻教授的话："她做的坏事我们要批判，她做的好事我们要肯定。"

图书在版编目(CIP)数据

慈禧写真/陈捷先著.—北京:商务印书馆,2010.12
ISBN 978-7-100-07581-7

I.①慈… II.①陈… III.①西太后(1835～1908)
—传记 IV.①K827=52

中国版本图书馆 CIP 数据核字(2010)第 244249 号

所有权利保留。
未经许可,不得以任何方式使用。

慈 禧 写 真

陈捷先 著

商 务 印 书 馆 出 版
(北京王府井大街36号 邮政编码100710)
商 务 印 书 馆 发 行
北 京 京 海 印 刷 厂 印 刷
ISBN 978-7-100-07581-7

2011年4月第1版　　　开本 680×960　1/16
2011年5月北京第2次印刷　印张 15.75　插页 8
定价:34.80元